| 발 행 일 | 2024년 11월 11일(초판 1쇄) |
| --- | --- |
| I S B N | 978-89-5960-494-4(13000) |
| 정 가 | 14,000원 |

| 기 획 | 렉스미디어 기획팀 |
| --- | --- |
| 집 필 | 이지은 |
| 진 행 | 이영수 |
| 본문디자인 | 디자인앨리스 |

| 발 행 처 | ㈜렉스미디어 |
| --- | --- |
| 발 행 인 | 안광준 |
| 주 소 | 경기도 파주시 정문로 588번길 24 |
| 홈 페 이 지 | www.rexmedia.net |

※ 이 책은 저작권법에 따라 보호를 받는 저작물이므로 무단 전재와 무단 복제를 금지하며, 이 책 내용의 전부 또는 일부를 이용하려면 반드시 ㈜렉스미디어의 서면동의를 받아야 합니다.

# 타자연습

| 구분 | 날짜 | 오타수 | 정확도 | 확인란 |
|---|---|---|---|---|
| 1 | 월    일 | | | |
| 2 | 월    일 | | | |
| 3 | 월    일 | | | |
| 4 | 월    일 | | | |
| 5 | 월    일 | | | |
| 6 | 월    일 | | | |
| 7 | 월    일 | | | |
| 8 | 월    일 | | | |
| 9 | 월    일 | | | |
| 10 | 월    일 | | | |
| 11 | 월    일 | | | |
| 12 | 월    일 | | | |

| 구분 | 날짜 | 오타수 | 정확도 | 확인란 |
|---|---|---|---|---|
| 13 | 월    일 | | | |
| 14 | 월    일 | | | |
| 15 | 월    일 | | | |
| 16 | 월    일 | | | |
| 17 | 월    일 | | | |
| 18 | 월    일 | | | |
| 19 | 월    일 | | | |
| 20 | 월    일 | | | |
| 21 | 월    일 | | | |
| 22 | 월    일 | | | |
| 23 | 월    일 | | | |
| 24 | 월    일 | | | |

# 목차

**006** 01 나만의 특별한 이름표 만들기

**012** 02 초상화 캐릭터 만들기

**020** 03 나는 오렌지를 좋아해!

**046** 07 방학에는 무엇을 할까?

**054** 08 일찍 일어나는 어린이가 될 거예요!

**060** 09 동물원에 가고 싶어요!

**082** 13 시원한 수박 부채 만들기

**088** 14 퀴즈~! 나는 누구일까요?

**094** 15 나비야~ 나비야~ 이리 날아오너라~♪
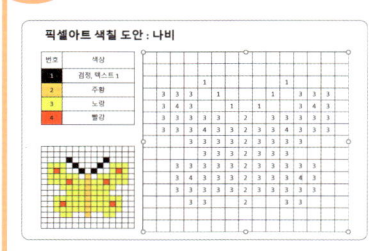

**116** 19 덧셈, 뺄셈, 사칙연산 놀이
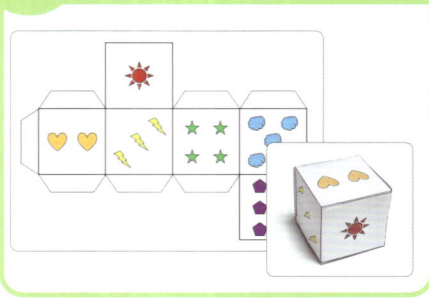

**122** 20 멍멍! 강아지 종이접기 색종이를 만들어 보아요

**130** 21 종이로 캐릭터 페이퍼 토이 만들기

### 028
**04** 따뜻한 봄이 왔어요

### 036
**05** 오늘은 현장학습 날

### 042
**06** 종합 활동 문제

### 066
**10** Good 알파벳 자석 만들기

### 074
**11** 밤하늘에 별똥별이 있어요

### 080
**12** 종합 활동 문제

### 100
**16** 으으으~ 무시무시한 호박 귀신이다!

### 106
**17** 가위, 바위, 보~! 친구들과 게임 한 판!

### 112
**18** 종합 활동 문제

### 138
**22** 사계절 퀴즈 만들기

### 144
**23** 나무로 집을 지어보자!

### 150
**24** 종합 활동 문제

# CHAPTER 01 나만의 특별한 이름표 만들기

**학습 목표**
- 파워포인트 그리기 기능을 이용하여 이름을 표현할 수 있습니다.
- 도형을 삽입하고 꾸미기 기능을 사용합니다.

📁 불러올 파일 : 이름표 만들기.pptx　　📁 완성된 파일 : 이름표 만들기_완성.pptx

**오늘 배울 내용은?** 　파워포인트 기능을 이용해서 나만의 특별한 이름표를 꾸며보아요.

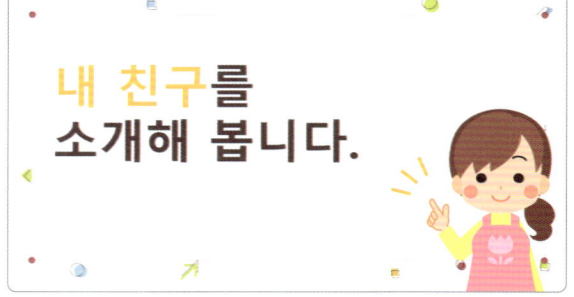

 **파워포인트에서 실습 파일을 열어보아요.**

① [PowerPoint 2021]을 실행한 후 [열기]-[찾아보기]를 마우스로 클릭합니다.

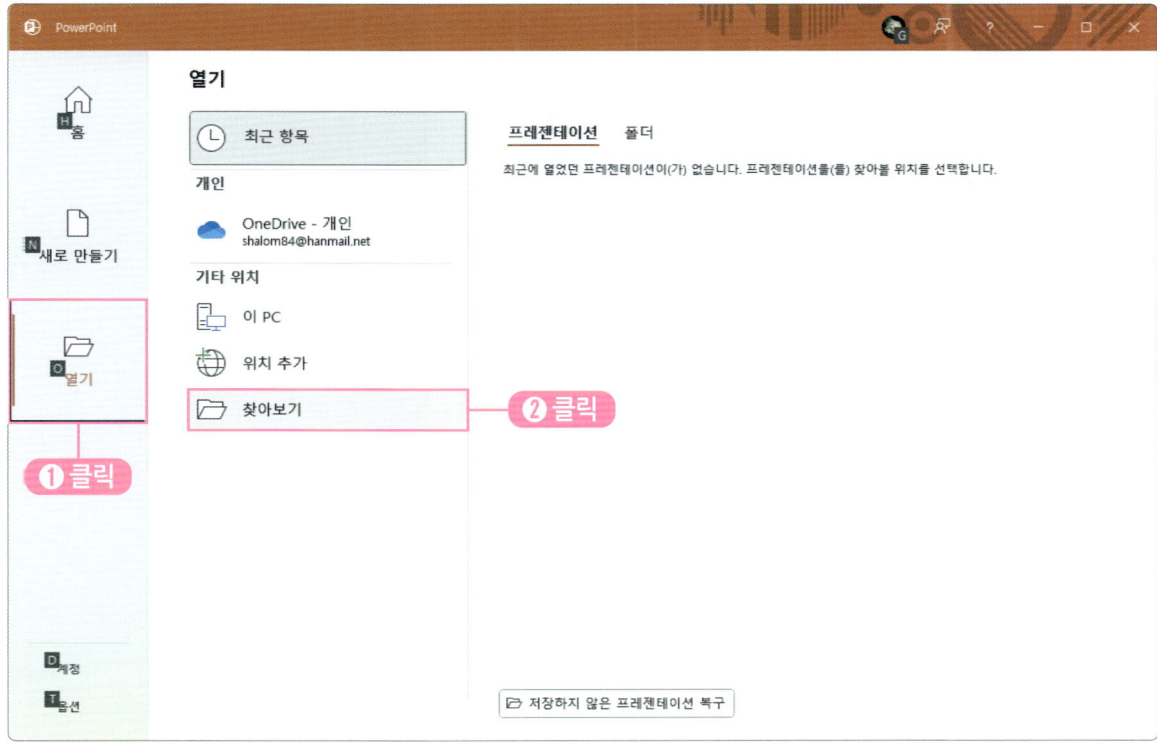

② [열기] 대화상자에서 [Chapter01]-[불러올 파일] 폴더에서 [이름표 만들기.pptx] 파일을 선택한 후, [열기] 단추를 클릭합니다.

## 2 내 이름을 펜으로 그려보아요.

❶ [그리기] 탭에 있는 [그리기 도구] 메뉴에서 [펜()]을 클릭합니다.

❷ [펜()] 아래에 있는 화살표(∨)를 클릭하여 '펜'의 두께와 색을 변경합니다. 이어서, 마우스 왼쪽 단추를 누르면서 드래그하면 선을 그릴 수 있습니다.

**STOP! 여기서 잠깐!**

**잘못 그린 선 어떻게 지울까요?**

선을 잘못 그렸을 때는 '지우개' 도구를 선택하고 지워야 할 선을 마우스 왼쪽 단추로 클릭하면 지워집니다. 그리기가 끝난 후에는 꼭 '마우스 커서()' 모양을 클릭해주세요.

 **도형을 사용해서 이름표를 꾸며보아요.**

❶ [삽입] 탭에 있는 [도형]-[기본 도형]에서 [해(☼)] 도형을 찾아 마우스로 클릭하고 이름 옆에 마우스로 드래그하여 도형을 그려봅니다.

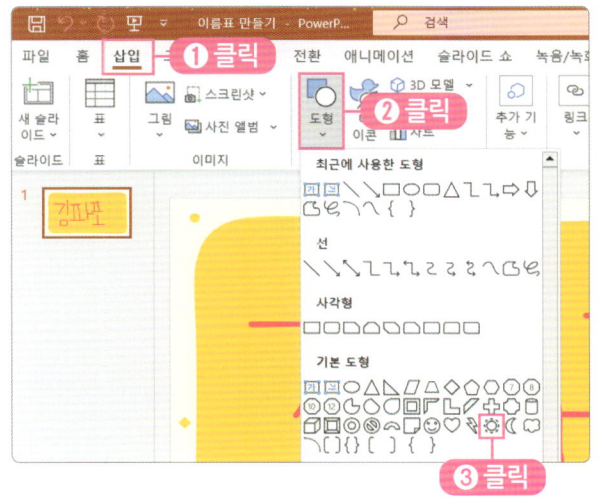

❷ [해(☼)] 도형을 클릭하고 [도형 서식] 탭의 [도형 채우기]-[표준 색]-[빨강]을 클릭하여 도형의 색을 바꿔봅니다.

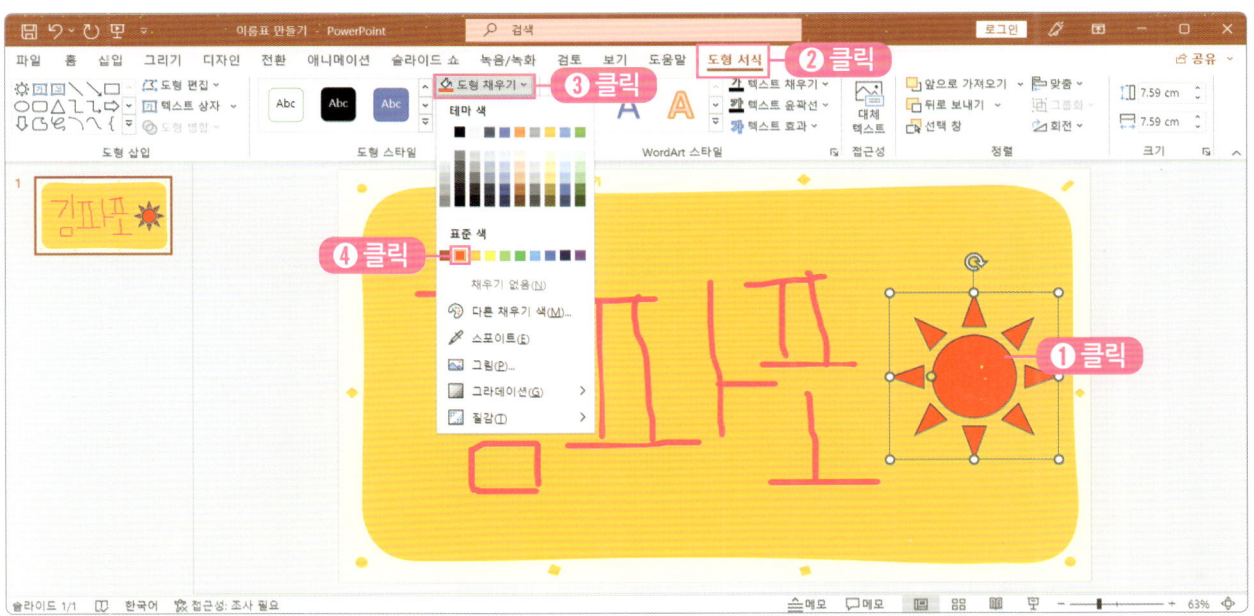

❸ 이번에는 도형의 윤곽선 및 두께를 수정하기 위해 [도형 윤곽선]-[테마 색]-[흰색, 배경1] 색을 클릭한 후 선이 잘 보이도록 [도형 윤곽선]-[두께] 메뉴에서 '3pt'로 설정합니다.

❹ 짠~ 나만의 이쁜 이름표가 완성되었어요! [파일] 탭-[다른 이름으로 저장]-[찾아보기]를 클릭합니다. 대화상자가 열리면 본인의 폴더를 선택한 후, '이름표 만들기(완성).pptx'로 저장합니다.

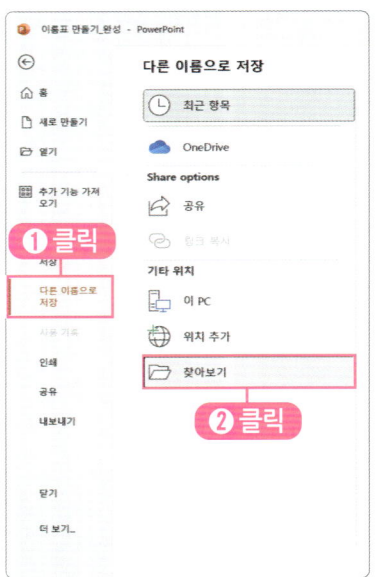 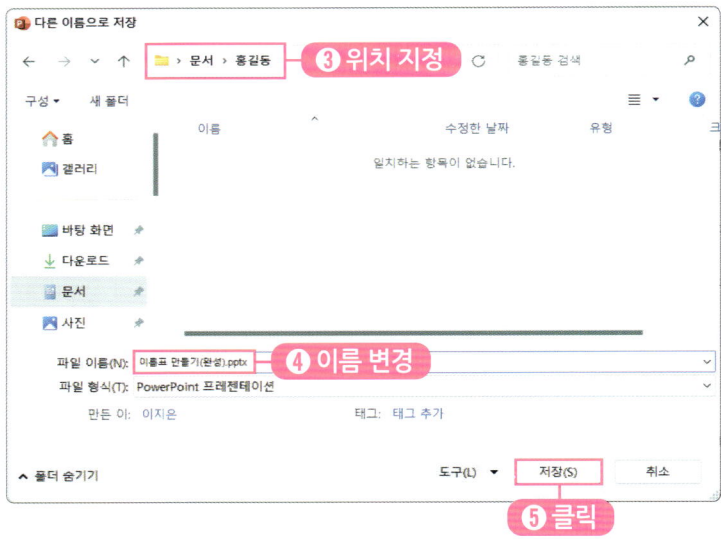

# CHAPTER 01

제 친구를 소개할게요! 우리 반에서 저랑 제일 친한 친구는요~

■ 불러올 파일 : 친구 소개하기.pptx   ■ 완성된 파일 : 친구 소개하기_완성.pptx

**미션 01** [Chapter01]-[불러올 파일] 폴더에서 [친구 소개하기.pptx] 파일을 열어봅니다.

**미션 02** [슬라이드 3]에 있는 우리 반 친구들 그림 중에서 가장 친한 친구의 그림을 복사하여 [슬라이드 2]에 붙여넣기 합니다.

**미션 03** 아래 그림처럼 우리 반에서 제일 친한 친구의 이름을 그려보고 이름표를 꾸며주세요.

우리 반에서 저랑 제일 친한 친구는 _____ 입니다.

| 슬라이드 1 | 슬라이드 2 | 슬라이드 3 |

Chapter 01 나만의 특별한 이름표 만들기 • **011**

# CHAPTER 02 초상화 캐릭터 만들기

**학습 목표**
- 파워포인트 복사, 붙여넣기 기능을 이용하여 나를 표현해 봅니다.
- 텍스트 상자를 삽입하고 꾸미기 기능을 사용합니다.

■ 불러올 파일 : 초상화 만들기.pptx   ■ 완성된 파일 : 초상화 만들기_완성.pptx

**오늘 배울 내용은?**  파워포인트 기능을 이용해서 초상화 캐릭터를 만들어보아요.

 **개체 복사, 붙여넣기를 사용해 보아요.**

① [PowerPoint 2021]을 실행하고, [파일] 탭에 있는 [열기]-[찾아보기]를 클릭합니다. 이어서, [Chapter02]-[불러올 파일]-[초상화 만들기.pptx] 파일을 선택한 후 [열기] 단추를 클릭합니다.

② 슬라이드의 구성을 확인해봅니다.

③ [슬라이드2]에서 원하는 모습의 그림을 선택하고 마우스 오른쪽 단추를 클릭한 후 [복사]를 클릭합니다.

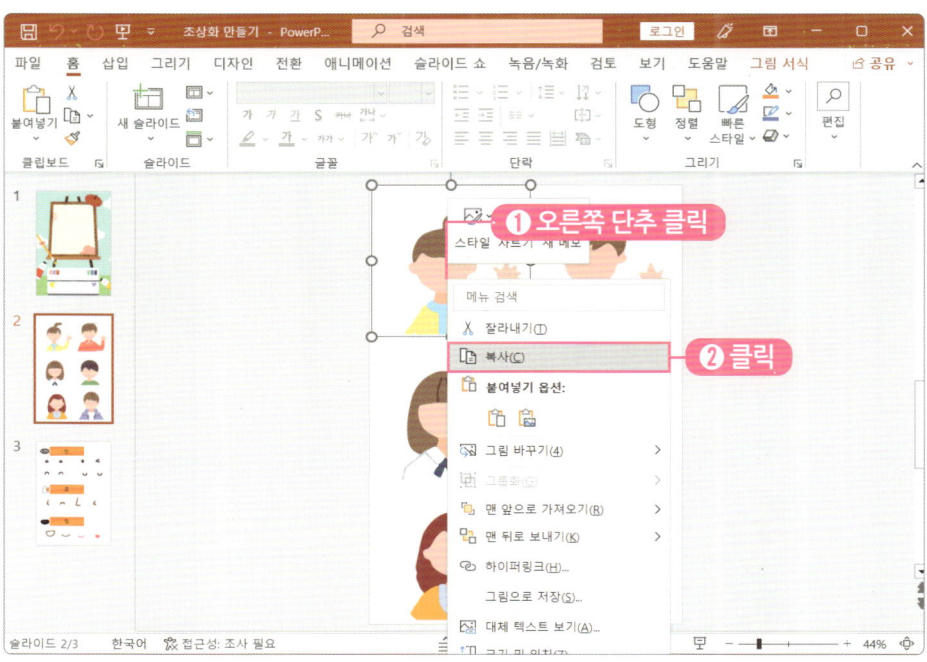

Chapter 02 초상화 캐릭터 만들기 • **013**

④ [슬라이드1]에서 마우스 오른쪽 단추를 클릭한 후 [붙여넣기 옵션]-[그림]을 클릭합니다.

## 2  개체의 크기를 조정해보아요.

① 그림을 클릭하면 그림 테두리 부분에 동그란 조절점이 생기게 됩니다. 조절점을 마우스로 드래그하면 그림의 크기가 커지거나 줄어듭니다.

※ 크기를 변경할 때 조절점 위에 마우스를 올려두면 마우스 커서가  모양으로 변경됩니다.

❷ 크기 조정이 완료된 후 이동 도구( )를 사용하여 그림을 원하는 위치에 배치해봅니다.

❸ 같은 방법으로 표정을 표현해 봅니다. [슬라이드3]에서 원하는 모습의 표정을 선택하고 마우스 오른쪽 단추를 클릭한 후 [복사]를 클릭합니다.

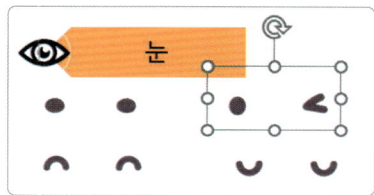  

❹ [슬라이드1]에서 마우스 오른쪽 단추를 클릭한 후 [붙여넣기]-[그림]을 클릭하고, 조절점을 사용하여 그림의 크기를 조절하여 원하는 위치에 배치합니다.

 **텍스트 상자를 이용하여 이름을 적어보아요.**

① [삽입] 탭에서 [텍스트 상자]-[가로 텍스트 상자 그리기]를 클릭합니다.

② 마우스 포인터 모양이 ↓ 모양으로 바뀌면 삽입할 위치에 드래그하여 아래 그림처럼 그려봅니다.

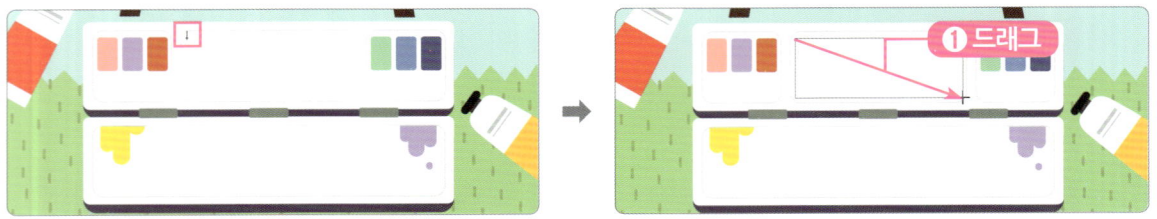

③ 텍스트 상자가 삽입되면 이름을 입력한 후 '텍스트 상자'를 선택합니다. 글꼴 서식을 수정하기 위해 [홈] 탭에서 글꼴 크기(36)와 정렬(가운데 맞춤(≡)) 등을 수정합니다.

④ 같은 방법으로 '텍스트 상자'를 추가하여 우리 학교의 이름을 입력합니다.
    ※ [삽입] 탭에서 [텍스트 상자]-[가로 텍스트 상자 그리기]를 클릭합니다.

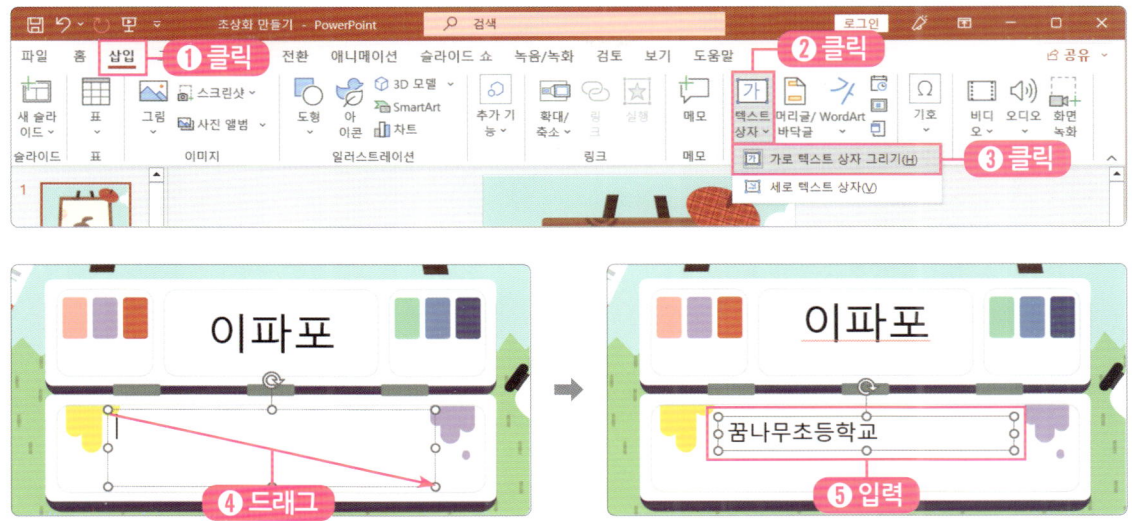

⑤ 글꼴 서식을 수정하기 위해 [홈] 탭에서 글꼴 크기(32)와 정렬(가운데 맞춤(≡)) 등을 수정합니다.

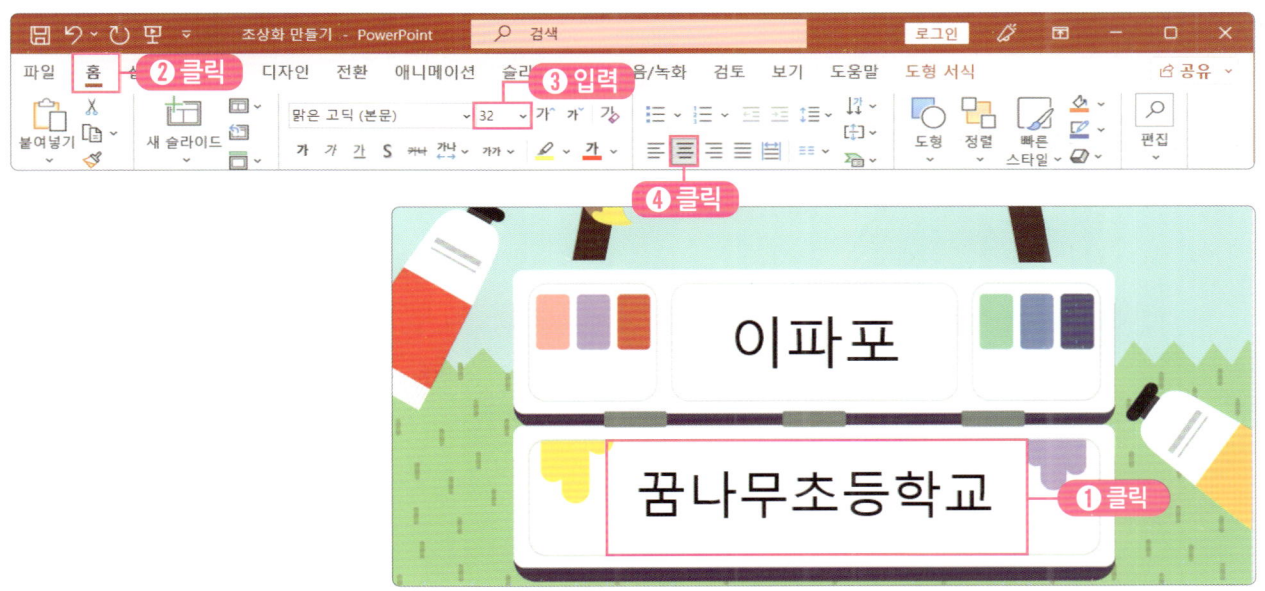

질문 이름에 빨간 줄이 떠요! 이럴 때 어떻게 해결할까요?

정답 프레젠테이션 작업을 하는 동안 PowerPoint가 오류나 실수를 방지할 수 있도록 맞춤법 및 기본 문법을 자동으로 검사해요! 맞춤법 검사로 인해 종종 빨간 줄이 뜨게 되는데 마우스 오른쪽 단추를 클릭하여 [모두 건너뛰기] 메뉴를 클릭하면 없앨 수 있어요.

❻ 짠~ 예쁘게 완성되었어요! [파일] 탭-[다른 이름으로 저장]-[찾아보기]를 클릭합니다. 대화상자가 열리면 본인의 폴더를 선택한 후, '초상화 만들기(완성).pptx'로 저장합니다.

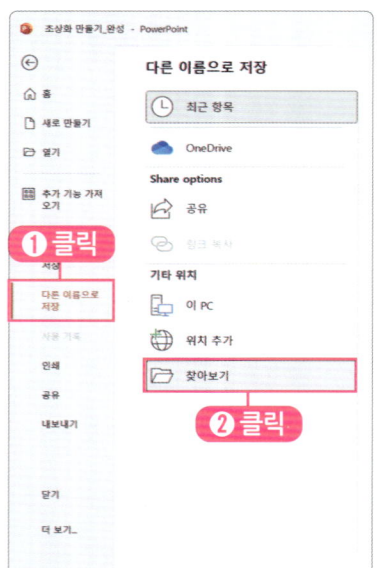
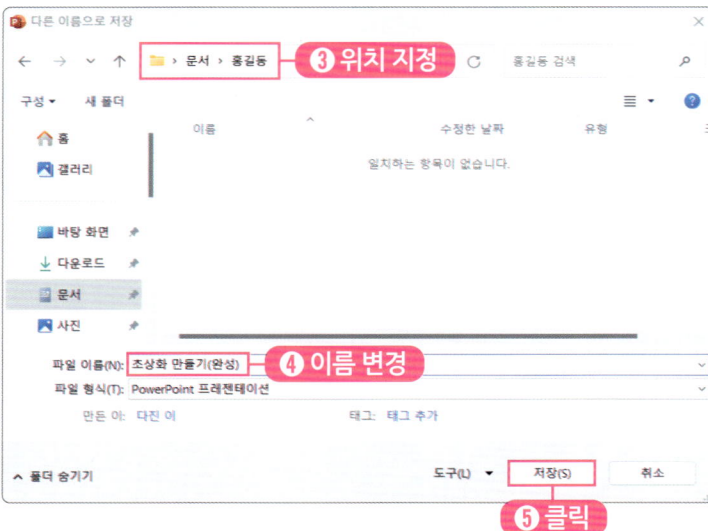

### 하나 더 알기!

복사와 붙여넣기 관련 단축키를 알아봅니다.
- 복사하기 : [홈]-[클립보드]-[복사하기] / Ctrl + C
- 붙여넣기 : [홈]-[클립보드]-[붙여넣기] / Ctrl + V

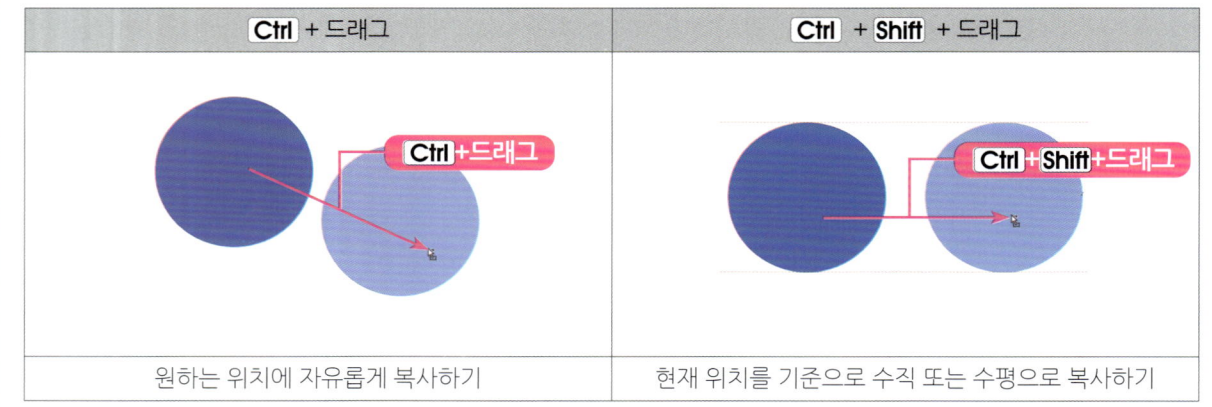

# CHAPTER 02

**우리반 선생님 캐릭터도 만들어 볼래요!**

📁 불러올 파일 : 우리반 선생님.pptx   📁 완성된 파일 : 우리반 선생님_완성.pptx

**미션 01**  [Chapter02]-[불러올 파일] 폴더에서 [우리반 선생님.pptx] 파일을 열어봅니다.

**미션 02**  [슬라이드 2]와 [슬라이드 3]에 있는 그림을 이용하여 [슬라이드 1]에 선생님 캐릭터를 만들어봅니다.

**미션 03**  텍스트 상자를 사용하여 칠판에 오늘 배울 과목을 써봅니다.

우리반 선생님의 성함은 _____ 입니다.

CHAPTER 03

# 나는 오렌지를 좋아해!

**학습 목표**
- 파워포인트 선을 이용하여 과일의 단면을 표현해 봅니다.
- 선의 두께를 변경해 봅니다.

■ 불러올 파일 : 오렌지를 자르면.pptx   ■ 완성된 파일 : 오렌지를 자르면_완성.pptx

**오늘 배울 내용은?**  파워포인트 기능을 이용해서 오렌지 단면을 표현해 보아요.

 **도형으로 오렌지를 만들어 보아요.**

❶ [PowerPoint 2021]을 실행하고, [파일] 탭에 있는 [열기]-[찾아보기]를 클릭합니다. 이어서, [Chapter03]-[불러올 파일]-[오렌지를 자르면.pptx] 파일을 선택한 후 [열기] 단추를 클릭합니다.

❷ 슬라이드의 구성을 확인해봅니다.

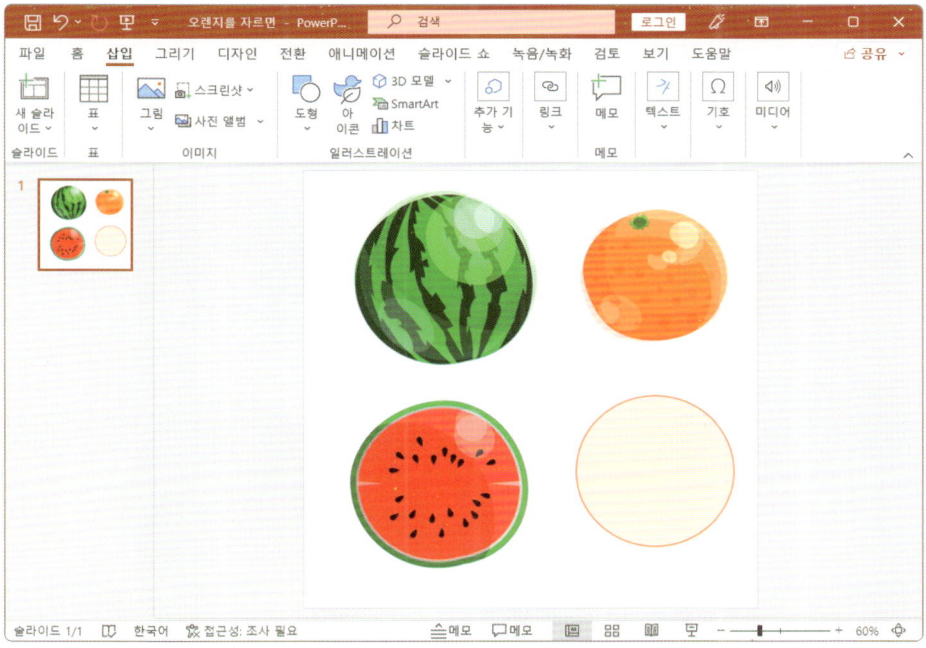

❸ [삽입] 탭에 있는 [도형]-[기본 도형]에서 [타원(○)]을 찾아 클릭하고 마우스로 드래그하여 '파란색 타원'을 그려봅니다.

※ 드래그할 때 Shift를 누르면 가로/세로 비율이 똑같은 정 원으로 그릴 수 있습니다.

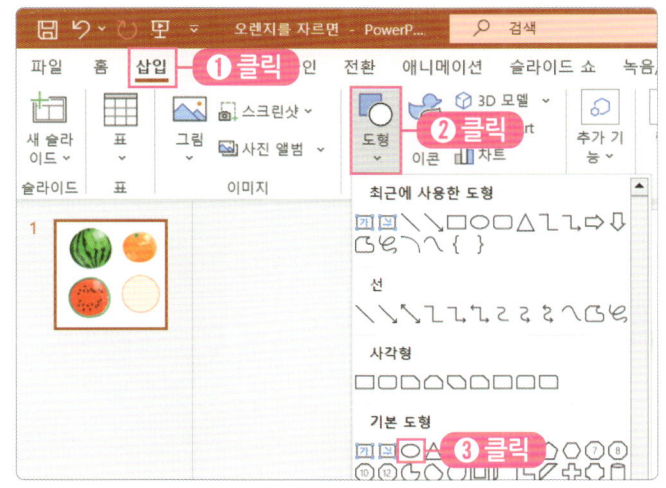 

④ '파란색 타원'의 크기를 조절하기 위해 [도형 서식] 탭의 [크기]에서 높이(6.5 cm) 및 너비(6.5 cm)를 수정합니다.
   ※ [도형 서식] 메뉴가 보이지 않으면 타원 도형을 클릭합니다.

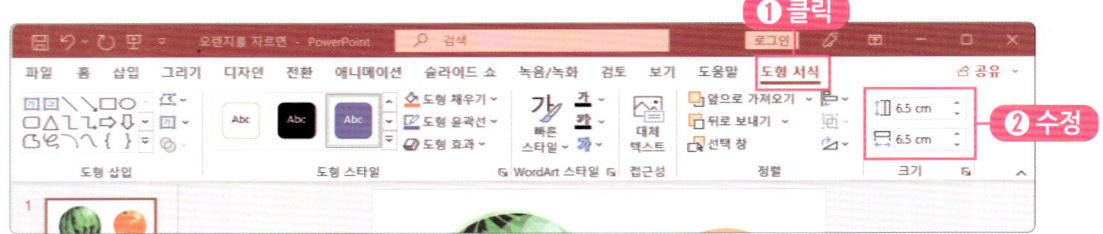

⑤ '파란색 타원'이 선택된 상태에서 Shift 를 눌러서 '주황색 타원'을 클릭합니다. 두 개의 도형이 모두 선택되면 [도형 서식]-[맞춤] 목록에서 [가운데 맞춤]을 클릭한 후, [중간 맞춤]을 클릭합니다.

맞춤 적용 전  → 맞춤 적용 후

**오렌지 색으로 변경해 보아요.**

❶ '파란색 타원'을 클릭하고, [도형 서식]-[도형 채우기]-[스포이트]를 클릭합니다.

❷ 스포이트를 이용하여 '오렌지 그림'의 채우고 싶은 색 부분을 클릭한 후, 변경된 색상을 확인합니다.

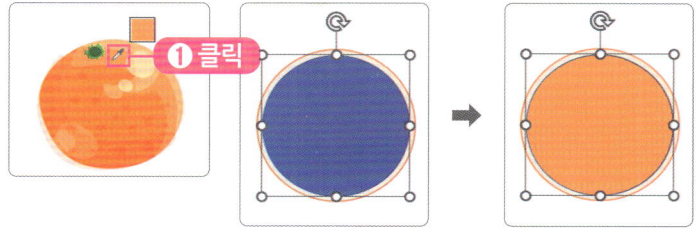

❸ 도형의 윤곽선을 없애기 위해 [도형 서식] 탭에서 [도형 윤곽선]-[윤곽선 없음]을 클릭합니다.

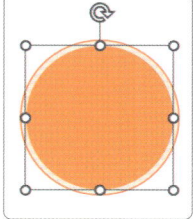

 **선을 사용해서 오렌지의 표면을 만들어보아요.**

❶ [삽입] 탭에 있는 [도형]-[선]에서 [선(◥)] 도형을 찾아 마우스로 클릭하고 '오렌지색 타원'에 마우스 커서를 올려봅니다.

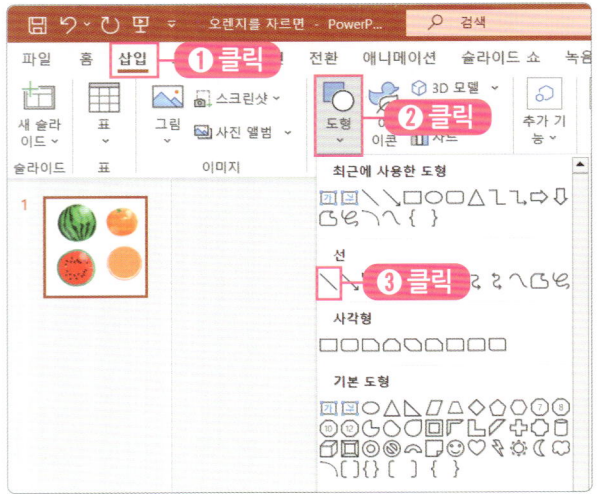
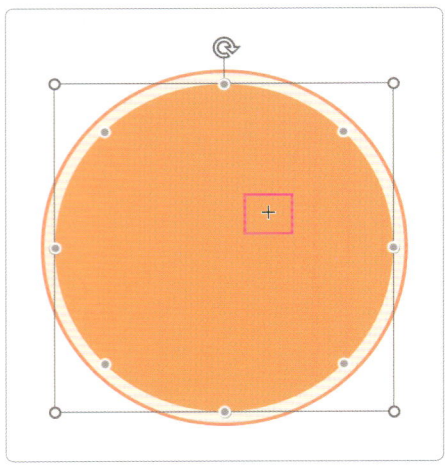

❷ 그림과 같이 안쪽 타원 도형의 동그란 조절점에서 마우스를 드래그하여 반대 방향의 다른 조절점과 서로 연결합니다.

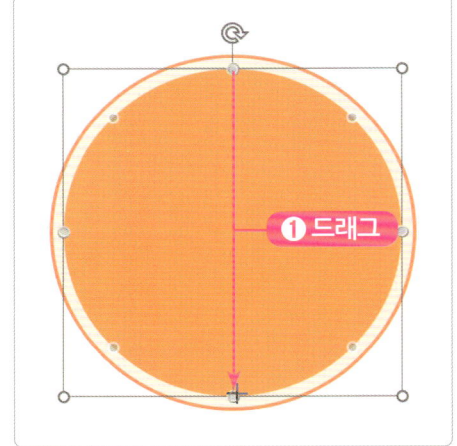
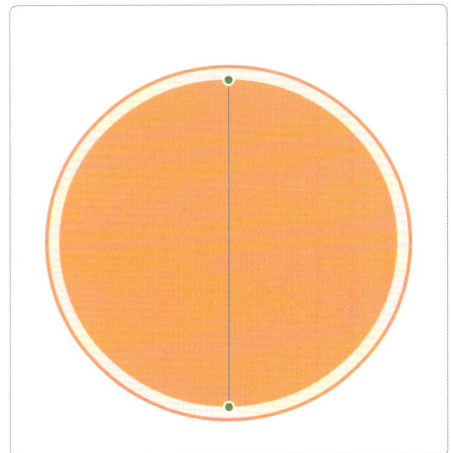

❸ 연결된 선이 선택된 상태에서 [도형 서식]-[도형 윤곽선]-[스포이트]를 클릭한 후 오렌지 모양에서 '연한 주황색' 부분을 클릭하여 선의 색을 수정합니다.

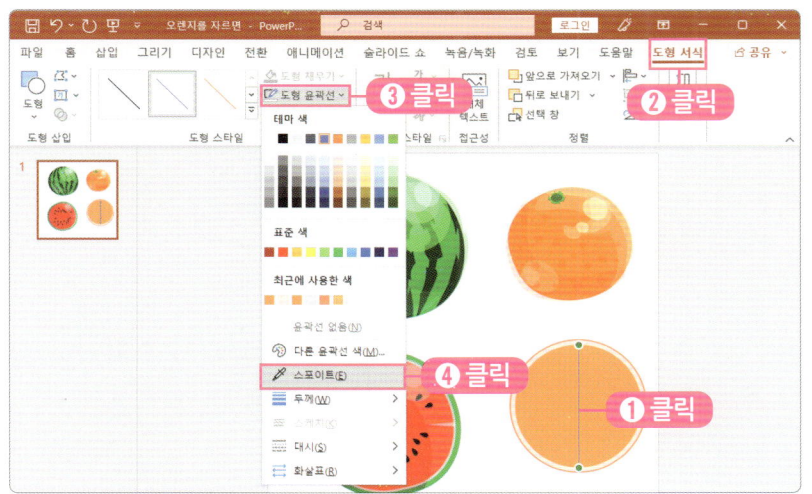
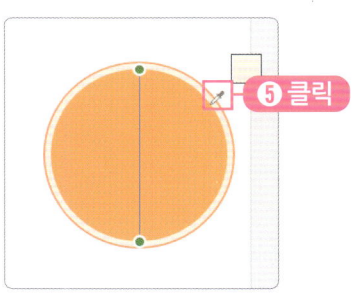

❹ [도형 서식] 탭의 [도형 윤곽선]-[두께]-[4½pt]를 클릭하여 연결선의 두께를 굵게 수정합니다.

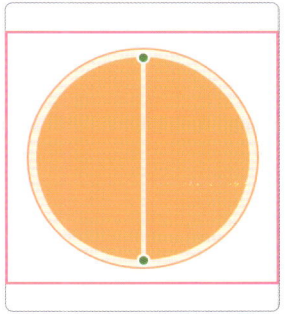

❺ [삽입] 탭의 [도형]-[선]에서 [선(◧)] 도형을 이용하여 나머지 연결선도 그림과 같이 그려줍니다.

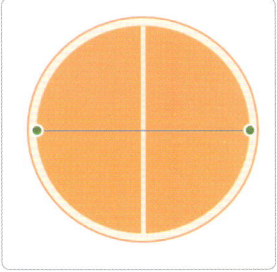
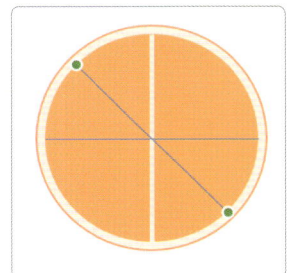
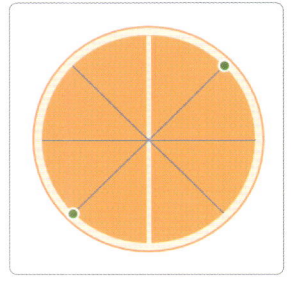

❻ 서식 복사를 위해 첫 번째로 색 및 두께를 수정한 연결선을 선택한 후 [홈] 탭의 [서식 복사]를 클릭합니다.

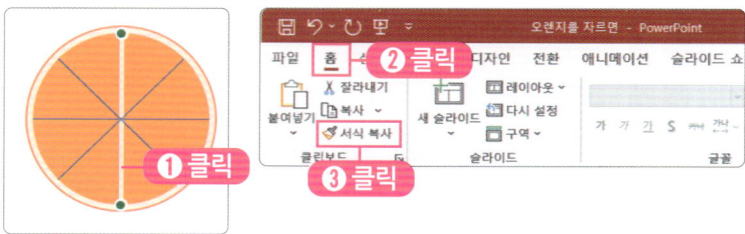

❼ 마우스 포인터 모양이 모양으로 바뀌면 적용할 연결선을 클릭하여 복사한 서식을 지정합니다. 같은 방법으로 [서식 복사]를 이용하여 나머지 연결선의 모양을 변경합니다.

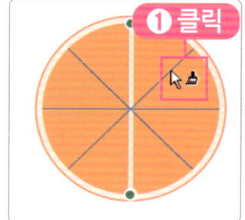 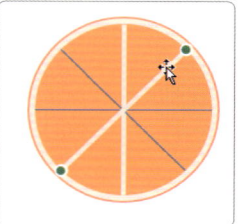 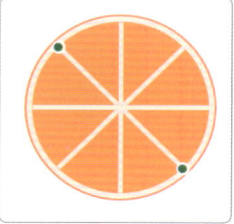

❽ 짠~ 오렌지를 자른 모양이 완성되었어요! [파일] 탭-[다른 이름으로 저장]-[찾아보기]를 클릭합니다. 대화상자가 열리면 본인의 폴더를 선택한 후, '오렌지를 자르면(완성).pptx'로 저장합니다.

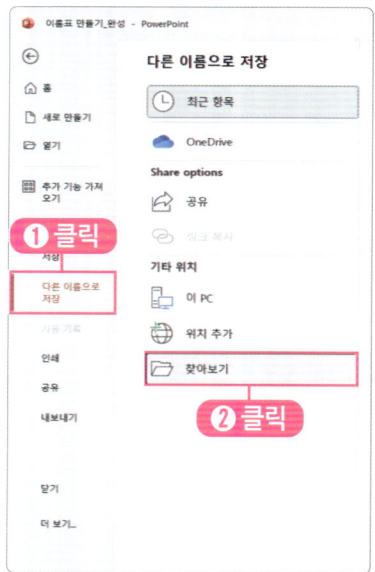 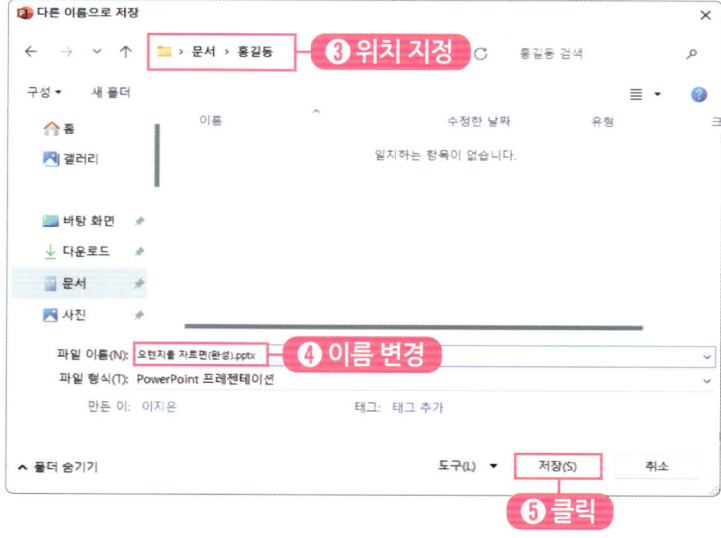

# CHAPTER 03

## 도전! 혼자서 해결해볼게요!

친구들과 피자를 나눠 먹으려고 해요. 8조각으로 피자를 나눠볼까요?

📁 불러올 파일 : 피자 조각 나누기.pptx   📁 완성된 파일 : 피자 조각 나누기_완성.pptx

**미션 01** [Chapter03]-[불러올 파일] 폴더에서 [피자 조각 나누기.pptx] 파일을 열어봅니다.

**미션 02** [삽입] 탭에 있는 [도형]-[선]에서 '선()' 도형을 찾아 마우스로 클릭하여 피자를 나눠 봅니다.

**미션 03** 선의 색을 [도형 서식]-[도형 윤곽선]을 이용하여 원하는 색으로 바꾸고, 두께도 변경해 봅니다.

## CHAPTER 04 따뜻한 봄이 왔어요

- 파워포인트 도형을 이용하여 꽃을 만들 수 있습니다.
- 도형의 색을 변경하고 도형을 회전하는 기능을 사용합니다.

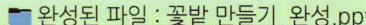
■ 불러올 파일 : 꽃밭 만들기.pptx   ■ 완성된 파일 : 꽃밭 만들기_완성.pptx

**오늘 배울 내용은?**  파워포인트 기능을 이용해서 나만의 따뜻한 봄을 표현해 보아요.

 **도형을 사용하여 꽃을 만들어보아요.**

① 파워포인트를 실행 후 [꽃밭 만들기.pptx] 파일을 열고 슬라이드의 구성을 확인해봅니다.
※ '꽃밭 만들기.pptx' 파일은 [Chapter04]-[불러올 파일] 폴더에 있습니다.

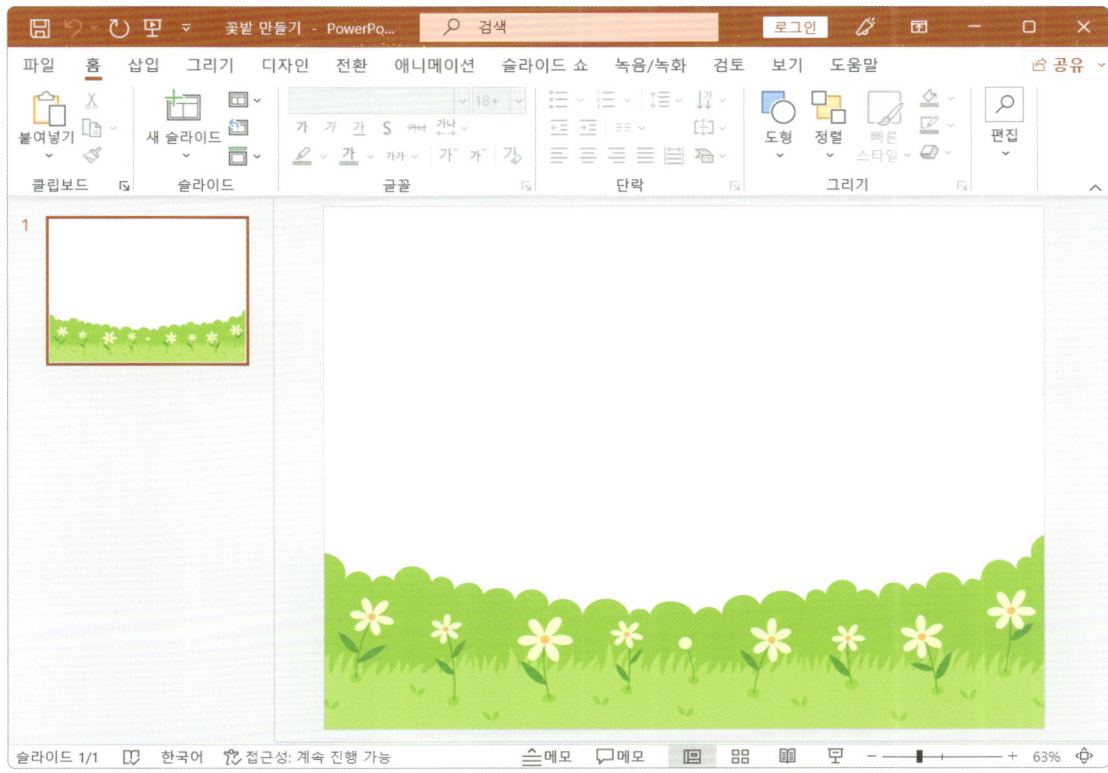

② [삽입] 탭에 있는 [도형]-[기본 도형]에서 [타원(○)]을 찾아 클릭하고 마우스로 드래그하여 원을 그려봅니다.
※ 타원 도형을 삽입할 때 Shift를 누른 상태에서 드래그하면 가로/세로 비율이 똑같은 '정 원'으로 그릴 수 있습니다.

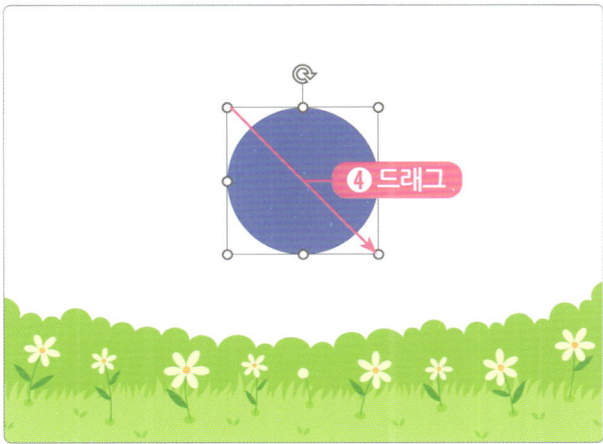

Chapter 04 따뜻한 봄이 왔어요 • 029

❸ '타원'의 크기를 조절하기 위해 [도형 서식] 탭의 [크기]에서 높이 및 너비를 '5 cm'로 수정합니다.
※ [도형 서식] 메뉴가 보이지 않으면 '타원' 도형을 클릭합니다.

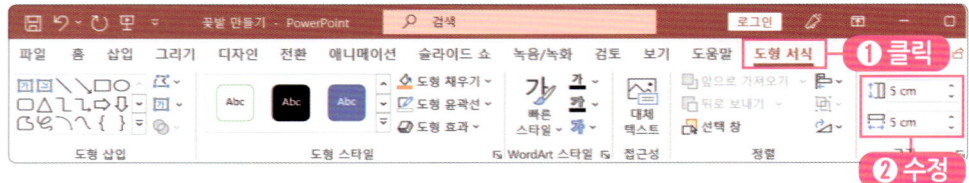

❹ '타원'의 색 및 윤곽선 수정을 위해 [도형 서식]-[도형 채우기]에서 [표준색]-[노랑]을 선택하고, [도형 윤곽선]은 [윤곽선 없음]으로 선택합니다.

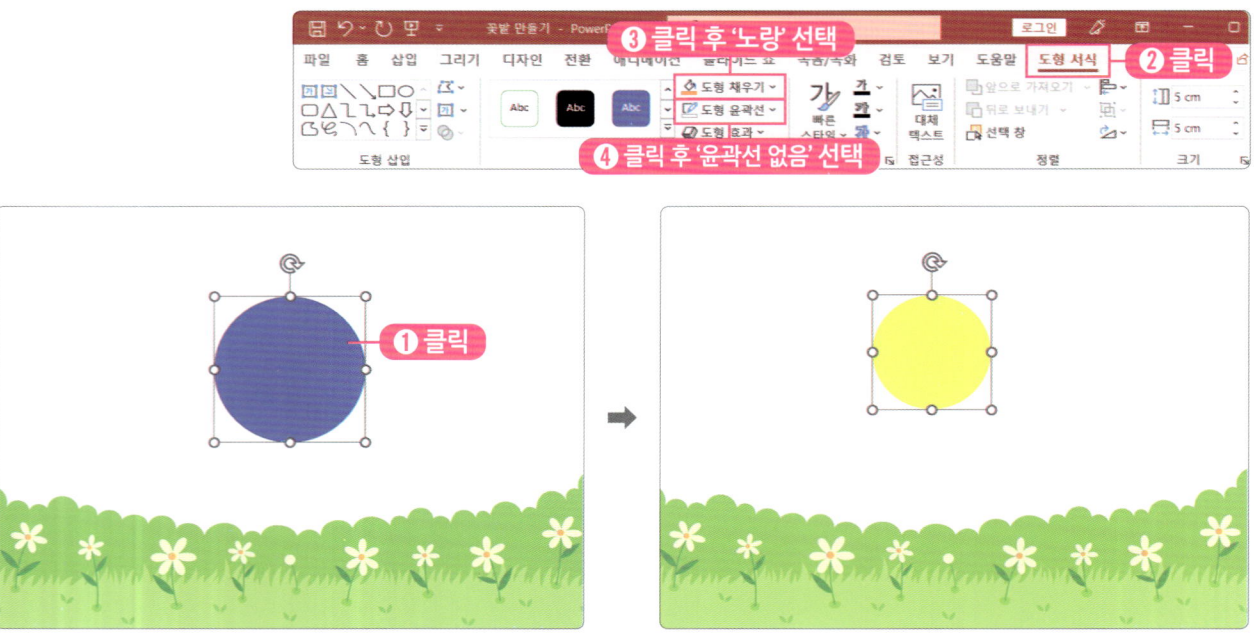

❺ 같은 방법으로 '노란색 원' 옆에 작은 타원 도형을 그린 후 높이(2.5 cm) 및 너비(2.5 cm), 도형 채우기(표준색-주황), 도형 윤곽선(윤곽선 없음) 등을 지정합니다.

**개체 복사를 사용하여 꽃잎을 만들어보아요.**

① '주황색 원'으로 여러 개의 꽃잎을 만들기 위해 선택 후 키보드의 Ctrl 을 누르면서 '주황색 원'을 마우스로 드래그합니다.

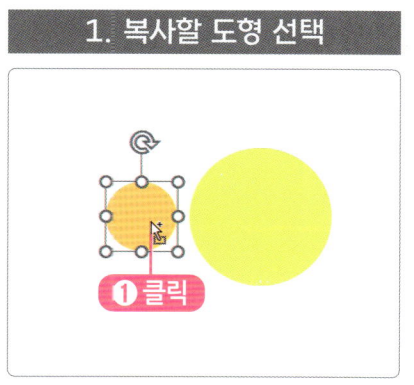
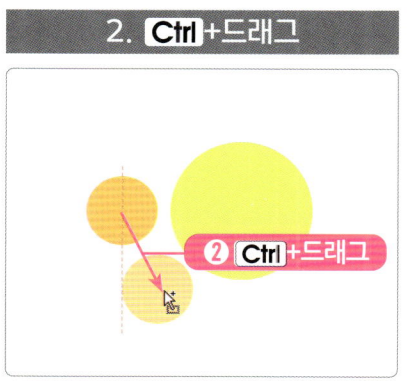
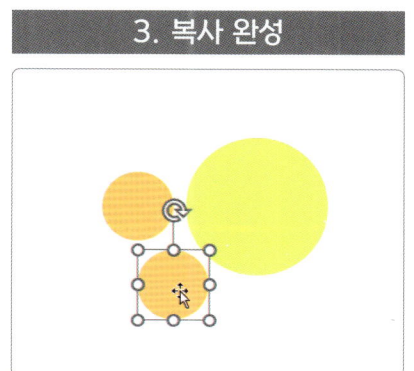

② 총 7개의 '주황색 원'을 만들고, '노란색 원' 위에 꽃잎 모양이 완성되도록 배치해봅니다.

③ 가운데 위치한 '노란색 원'에서 마우스 오른쪽 단추를 클릭한 후 [맨 앞으로 가져오기]를 클릭합니다.

 **도형을 사용하여 줄기를 만들어보아요.**

❶ [삽입] 탭에 있는 [도형]-[별 및 현수막]에서 [물결( )] 도형을 선택한 후 슬라이드 안에서 드래그하여 도형을 삽입하고 [도형 서식]-[도형 채우기]- [녹색, 강조 6, 50% 더 어둡게] 색을 선택합니다.

❷ 줄기의 모양을 세로 방향으로 회전시키기 위해 선택된 상태에서 [도형 서식] 탭의 [회전]-[오른쪽으로 90도 회전]을 클릭한 후 그림과 같이 도형을 배치합니다.

❸ 줄기가 꽃잎 뒤로 배치되도록 수정하기 위해 '초록색 줄기' 도형에서 마우스 오른쪽 단추로 클릭하고 [맨 뒤로 보내기]를 클릭합니다.

❹ 이번엔 즐기의 잎을 표현하기 위해 [삽입] 탭의 [도형]-[기본 도형]에서 [눈물 방울(◯)]을 선택 후 슬라이드 안에서 드래그하여 도형으로 삽입합니다. [도형 서식] 탭에서 높이(2.5 cm) 및 너비(4 cm), 도형 채우기(녹색, 강조 6, 50% 더 어둡게), 도형 윤곽선(윤곽선 없음) 등을 수정합니다.

❺ 줄기의 잎을 그림과 같이 배치한 후 Ctrl 을 누르고 드래그하여 도형을 복사한 다음 [도형 서식] 탭에서 [회전]-[좌우 대칭]을 클릭합니다.

❻ 완성된 꽃의 모양을 하나로 묶기 위해 빈 영역에서부터 드래그하여 꽃 모양의 도형 모두를 선택한 후 마우스 오른쪽 단추를 눌러 [그룹화]-[그룹]을 클릭합니다.

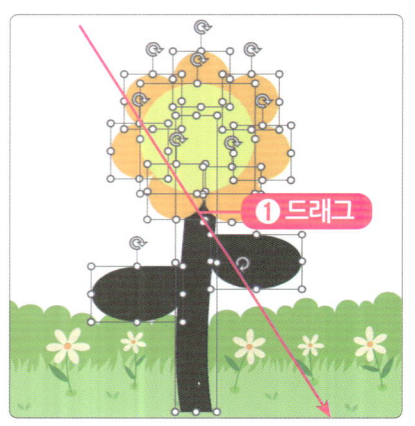

❼ 다양한 꽃을 만들어 나만의 꽃밭을 완성한 후 [파일] 탭-[다른 이름으로 저장]-[찾아보기]를 클릭합니다. 대화상자가 열리면 본인의 폴더를 선택한 후, '꽃밭 만들기(완성).pptx'로 저장합니다.

CHAPTER 04

딸기 눈, 오렌지 눈, 레몬 코, 입은 어디 갔지?

불러올 파일 : 과일 얼굴.pptx   완성된 파일 : 과일 얼굴_완성.pptx

**미션 01** [Chapter04]-[불러올 파일] 폴더에서 [과일 얼굴.pptx] 파일을 열어봅니다.

**미션 02** [삽입] 탭에 있는 [도형]-[기본도형]에서 [부분 원형(◔)]을 이용하여 수박 입을 만들어 봅니다.

**미션 03** 아래 그림처럼 과일 얼굴을 완성 시켜봅니다.

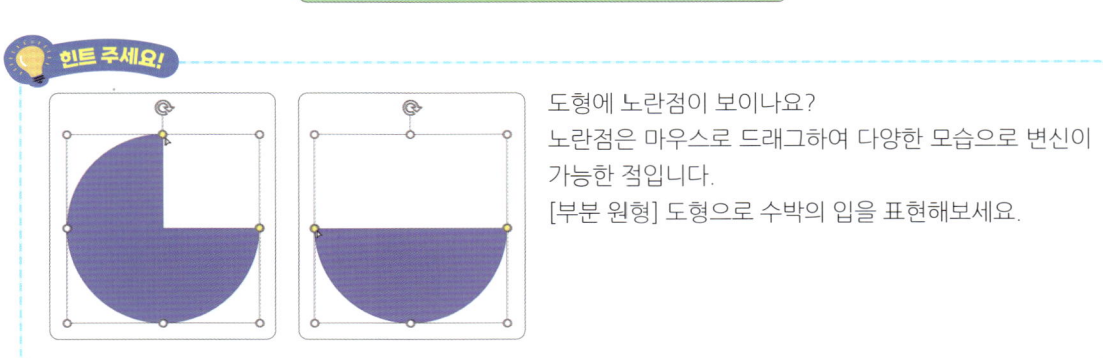

도형에 노란점이 보이나요?
노란점은 마우스로 드래그하여 다양한 모습으로 변신이 가능한 점입니다.
[부분 원형] 도형으로 수박의 입을 표현해보세요.

**CHAPTER 05 오늘은 현장학습 날**

학습 목표
- 파워포인트 도형을 복사하고 회전하여 잠자리를 완성 시켜 봅니다.
- 도형의 크기와 위치를 조절해봅니다.

■ 불러올 파일 : 가을잠자리.pptx   ■ 완성된 파일 : 가을잠자리_완성.pptx

**오늘 배울 내용은?** 파워포인트 기능을 이용해서 가을 잠자리 날개를 완성해 보아요.

 **도형을 복사하여 잠자리 날개를 만들어 보아요.**

① 파워포인트를 실행 후 [가을잠자리.pptx] 파일을 열고 슬라이드의 구성을 확인해봅니다.
※ '가을잠자리.pptx' 파일은 [Chapter05]-[불러올 파일] 폴더에 있습니다.

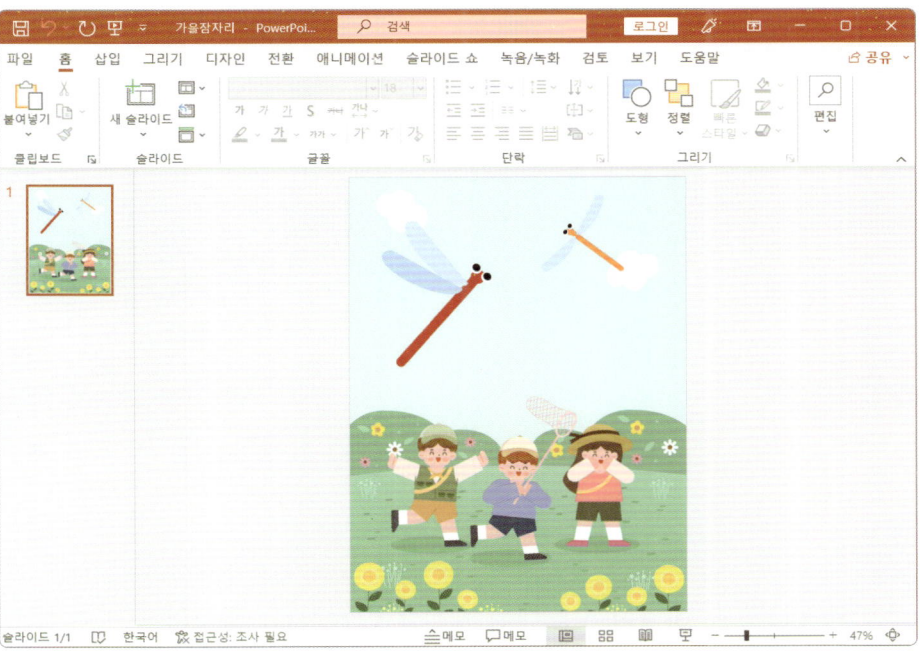

② 이런.. 잠자리의 날개가 부족한 것 같아요! 우선, '빨간색 잠자리'의 첫 번째 날개를 마우스로 클릭하고, 키보드의 **Shift** 를 누르면서 두 번째 날개를 클릭합니다.

③ 두 개의 날개가 선택되면 마우스 오른쪽 단추를 클릭한 후 바로 가기 메뉴의 [그룹화]-[그룹]을 클릭합니다.
※ '그룹화' 단축키는 **Ctrl** + **G** 입니다.

| 1. 첫 번째 날개 선택 | 2. 두 번째 날개 선택 | 3. 그룹화(**Ctrl**+**G**) |
|---|---|---|
|  |  | 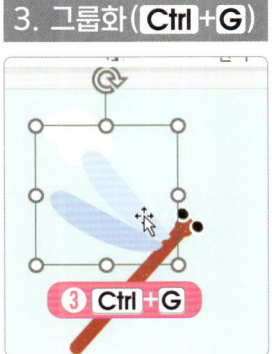 |

Chapter 05 오늘은 현장학습 날 • **037**

④ 그룹화된 날개를 Ctrl 을 누른 상태에서 드래그하여 하나 더 복사합니다. [도형 서식] 탭의 [회전] 메뉴에서 [좌우 대칭]을 클릭한 다음 [오른쪽으로 90도 회전]을 클릭합니다.

⑤ 마우스를 드래그하여 날개의 위치를 이동하면, '빨간색 잠자리'의 날개가 완성됩니다.

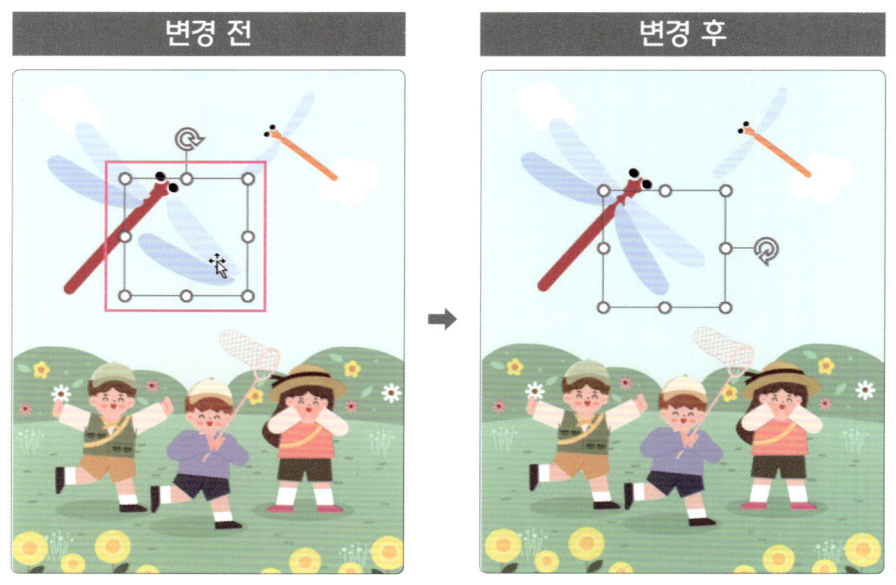

 **회전 아이콘을 클릭하여 잠자리 날개를 만들어 보아요.**

① '주황색 잠자리'의 날개도 Shift 를 누르고 클릭하여 날개를 모두 선택 후 키보드의 Ctrl 을 누른 상태에서 드래그하여 날개를 아래로 복사합니다.

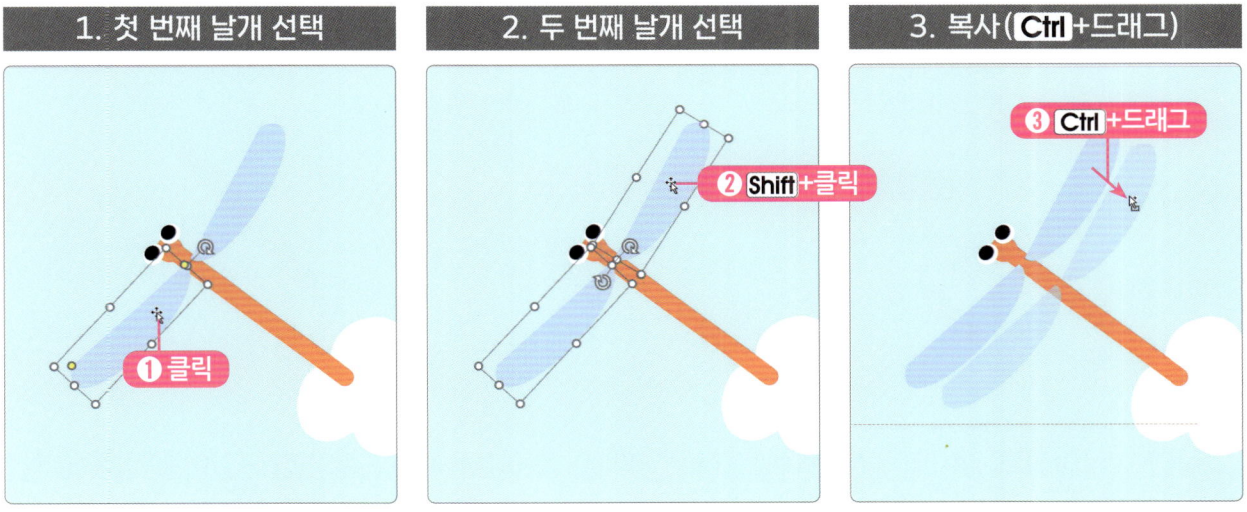

② 날개를 선택 후 회전 아이콘(🔄)을 마우스로 드래그하여 양쪽 날개의 위치를 조절합니다.

  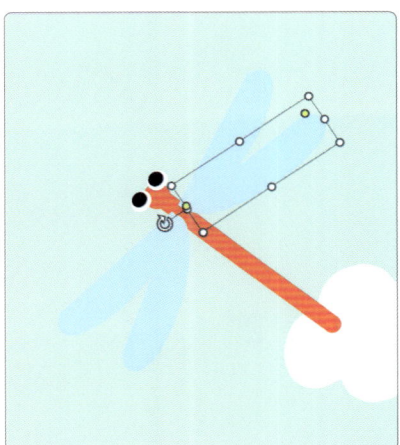

❸ 아래쪽 날개의 색상을 변경하기 위해 '주황색 잠자리'의 아래쪽 두 개의 날개를 모두 선택한 후 [도형 서식]-[도형 채우기]-[스포이트]를 클릭하고 '빨간색 잠자리'의 아래쪽 날개를 클릭합니다.

❹ 짠~ 두 마리의 잠자리가 완성되었습니다. [파일] 탭-[다른 이름으로 저장]-[찾아보기]를 클릭합니다. 대화상자가 열리면 본인의 폴더를 선택한 후, '가을잠자리(완성).pptx'로 저장합니다.

**CHAPTER 05**

친구들과 놀이터에 왔어요. 블록이 반만 있네요? 나머지 반을 완성시켜볼까요?

- 불러올 파일 : 놀이터 블록 쌓기.pptx  ● 완성된 파일 : 놀이터 블록 쌓기_완성.pptx

**미션 01** [Chapter05]-[불러올 파일] 폴더에서 [놀이터 블록 쌓기.pptx] 파일을 열어봅니다.

**미션 02** 도형을 선택하고 복사합니다.

**미션 03** 대칭 기능을 사용해보고 위치를 조정해봅니다.

**힌트 주세요!**

도형의 모양을 전체적으로 똑같이 회전하거나 좌우 대칭 또는 상하 대칭을 이용할 때 그룹화(**Ctrl**+**G**)의 기능을 사용해보세요!

Chapter 05 오늘은 현장학습 날 • **041**

# CHAPTER 06 종합 활동 문제

**애니메이션 효과에 대해서 알아볼까요?**

우리가 책을 읽을 때는 글자나 그림이 가만히 있지만, 애니메이션을 사용하면 움직이거나 변하는 효과를 줄 수 있어요. 사라졌다 나타나기도 하고 빙글빙글 돌릴 수도 있어요.

※ 슬라이드 쇼 관련 단축키
- 슬라이드 쇼 시작하기 : 처음부터 시작(F5), 현재 슬라이드부터 시작(Shift + F5)
- 슬라이드 쇼 종료하기 : Esc
- 슬라이드 장면 이동하기 : 키보드 방향키(←, →), 스페이스 바(Space Bar), 엔터(Enter), 마우스 오른쪽 단추 클릭

※ 애니메이션 효과 종류

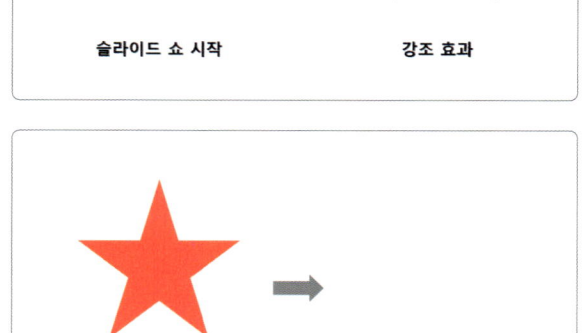

**01** [Chapter06]-[불러올 파일] 폴더에서 [자기소개서.pptx] 파일을 열고 발표해보아요.

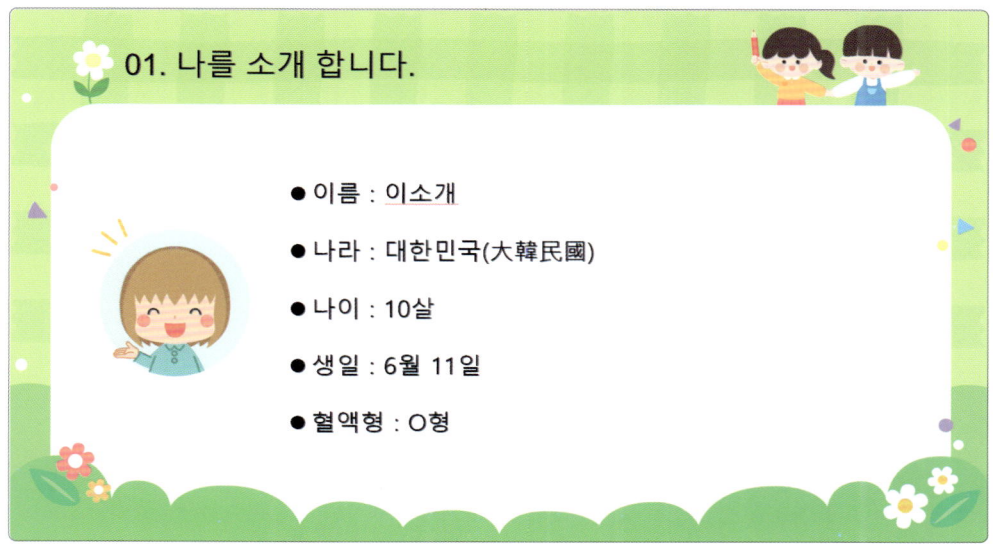

① 캐릭터 복사 & 붙여넣기
- [슬라이드 4]에서 원하는 캐릭터를 클릭하여 복사한 다음 [슬라이드 4]에 붙여넣기 합니다.

② 내 정보 입력하기
- [슬라이드 3]에서 글상자를 클릭하고 나에 대한 정보를 입력합니다.

③ 애니메이션 효과 넣기
- [슬라이드 3]에서 캐릭터를 클릭하고 [애니메이션] 탭-[애니메이션 추가]-[나타내기]-[나타내기] 효과를 클릭합니다.

- [슬라이드 3]에서 텍스트 상자를 클릭하고 [애니메이션] 탭-[애니메이션 추가]-[나타내기]-[밝기 변화] 효과를 클릭합니다.

④ 슬라이드 쇼 실행하여 발표하기
- [슬라이드 쇼] 탭에서 [처음부터] 메뉴를 클릭합니다.
  ※ 슬라이드 쇼 단축키는 F5 입니다.
- 키보드 방향키 또는 마우스로 클릭하여 슬라이드 구성을 확인합니다.
- 애니메이션을 확인했다면 Esc 를 눌러 슬라이드를 종료합니다.

### 혼자서 해 볼게요!

**02** [Chapter06]-[불러올 파일] 폴더에서 [생일초대장.pptx] 파일을 열고 생일초대장을 만들어보아요.

슬라이드 2

① 생일파티 초대장 내용 입력하기
[슬라이드 2]에서 생일파티 초대장 내용을 입력합니다.

슬라이드 3

② 애니메이션 효과 넣기
- [슬라이드 3]에서 알록달록한 원 도형을 Shift 를 누르면서 모두 선택합니다.
- [애니메이션] 탭-[애니메이션 추가]-[끝내기]-[도형] 효과를 클릭합니다.
- [슬라이드 3]에서 '축하해주세요' 텍스트 상자를 Shift 를 누르면서 모두 선택합니다.
- [애니메이션] 탭-[애니메이션 추가]-[강조]-[흔들기] 효과를 클릭합니다.

③ [슬라이드 쇼]를 시작하고 생일 초대장을 발표해보아요!

**03** 파워포인트 O,X 퀴즈를 풀어 보아요.

① 파워포인트는 슬라이드 쇼 기능이 있다. ( O , X )

② 슬라이드가 바뀔 때, 움직이는 효과를 넣을 수 있다. ( O , X )

③ [애니메이션] 탭에서 오직 한 개의 애니메이션 효과를 설정할 수 있다. ( O , X )

④ 슬라이드 장면이동은 방향키는 이용할 수 없다. ( O , X )

⑤ 슬라이드 쇼를 종료할 때 Esc 를 눌러 종료할 수 있다. ( O , X )

**04** 다음 중 그림과 [애니메이션] 기능에 대한 설명이 일치하도록 선으로 연결해주세요.

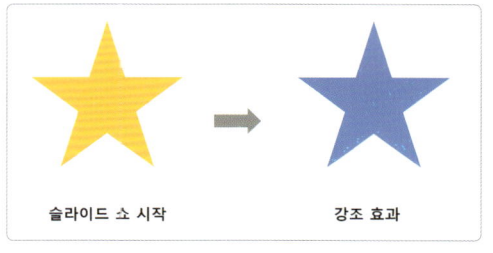

[나타내기]
슬라이드 쇼가 시작할 때 보이지 않고 마우스를 클릭하면 보여지는 효과입니다.

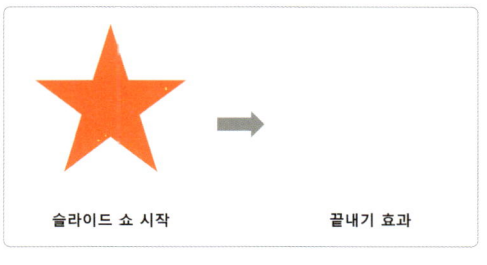

[강조하기]
슬라이드 쇼가 시작할 때 보여지고 효과를 사용해서 강조하는 효과입니다.

[끝내기]
슬라이드 쇼가 시작할 때 보여지고 마우스를 클릭하면 사라지는 효과입니다.

# CHAPTER 07 방학에는 무엇을 할까?

**학습 목표**
- 파워포인트 표 기능을 이용하여 방학 달력을 표현해 봅니다.
- 표의 크기를 조정하고 꾸며봅니다.

■ 불러올 파일 : 방학계획표.pptx   ■ 완성된 파일 : 방학계획표_완성.pptx

**오늘 배울 내용은?**  파워포인트 기능을 이용해서 방학 계획표를 만들어 보아요.

 **표 기능을 이용하여 방학 계획표를 만들어보아요.**

❶ 파워포인트를 실행 후 [방학계획표.pptx] 파일을 열고 슬라이드의 구성을 확인해봅니다.
  ※ '방학계획표.pptx' 파일은 [Chapter07]-[불러올 파일] 폴더에 있습니다.

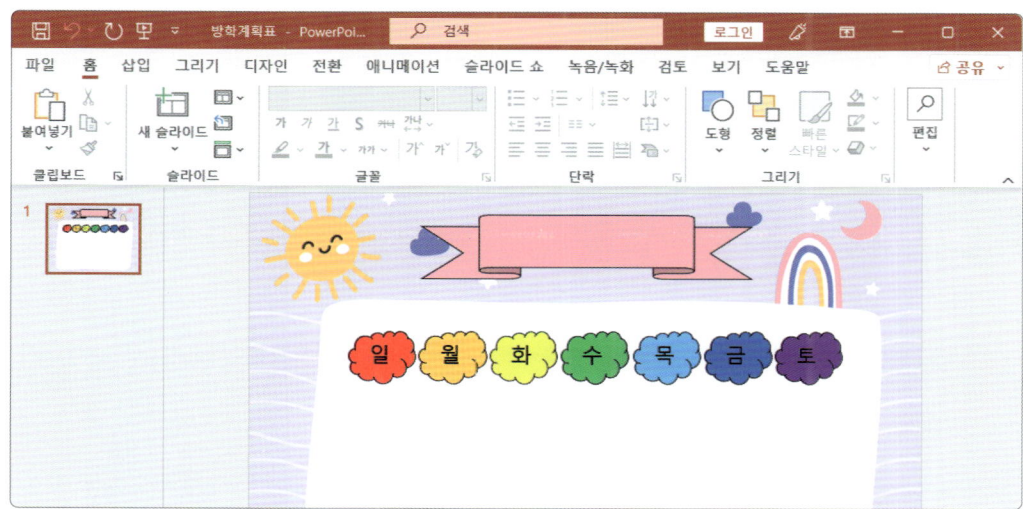

❷ [삽입] 탭에 있는 [표]에서 세로 7칸 × 가로 5줄의 위치에서 클릭하여 7칸, 5줄의 표를 만듭니다.
  ※ [삽입]-[표]-[표 삽입] 메뉴를 사용하면 열 개수(7), 행 개수(5)로 수정합니다.

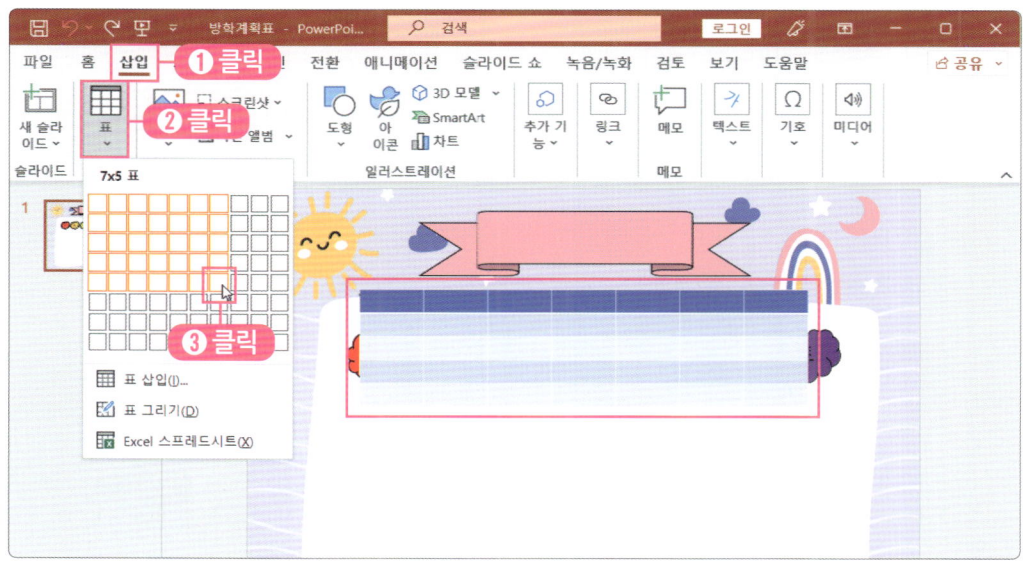

**STOP! 여기서 잠깐!**

**왜 7칸 5줄로 설정할까요? 주변에 있는 달력을 한번 살펴볼까요?**

달력 대부분은 일요일부터 월요일까지 총 7개, 1일부터 말일까지 표현하기 위해 4주에서 5주로 구성되어 있습니다.
이번에 학습할 주제는 한 달 계획표를 만들기 위한 것으로 7칸, 5줄로 설정한 것입니다.

❸ 슬라이드 안에 삽입된 표의 조절점을 드래그하여 크기를 조절하고 그림과 같이 배치합니다.

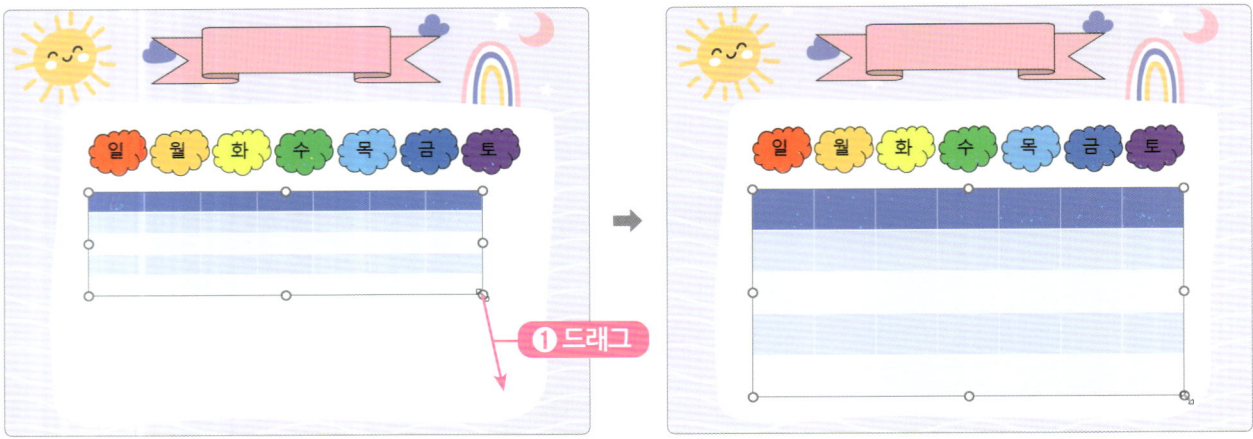

❹ 표를 클릭하고, [테이블 디자인] 탭에서 [테두리]-[모든 테두리]를 클릭합니다.

❺ 표 안의 채우기 색을 투명으로 지정하기 위해 표가 선택된 상태에서 [테이블 디자인] 탭의 [음영]-[채우기 없음]을 클릭합니다.

 **계획표에 날짜를 입력해 보아요.**

① '분홍색 리본 모양'의 도형을 클릭한 후 제목(여름방학)을 입력합니다.

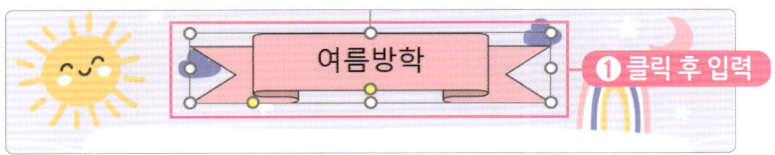

② 표를 선택하고 [테이블 디자인]-[표 스타일 옵션]에서 [머리글 행]과 [줄무늬 행]을 체크 해제 합니다.

③ 표를 선택하여 날짜를 하나씩 입력합니다.
   ※ 글자를 입력할 때 키보드의 방향키 또는 Tab 을 이용하면 마우스를 사용하지 않더라도 다른 칸으로 이동할 수 있습니다.

> **STOP! 여기서 잠깐!**
>
> **표 안에 내용을 작성할 때 유용한 단축키**
> - 키보드 방향키 : 원하는 방향으로 이동이 가능합니다.
> - Tab : 오른쪽 칸으로 이동합니다.
> - Shift + Tab : 왼쪽 칸으로 이동합니다.

 **계획표에 특별한 날을 표시해보아요.**

① [삽입] 탭에 있는 [도형]-[블록 화살표]에서 [화살표:왼쪽/오른쪽(⇔)]을 찾아 클릭하고 마우스로 드래그하여 표 위에 화살표를 그려봅니다.

② 화살표 도형을 선택하고 '가족여행'을 입력한 후 글자의 크기(32pt) 및 글꼴 색(검정)을 수정합니다.

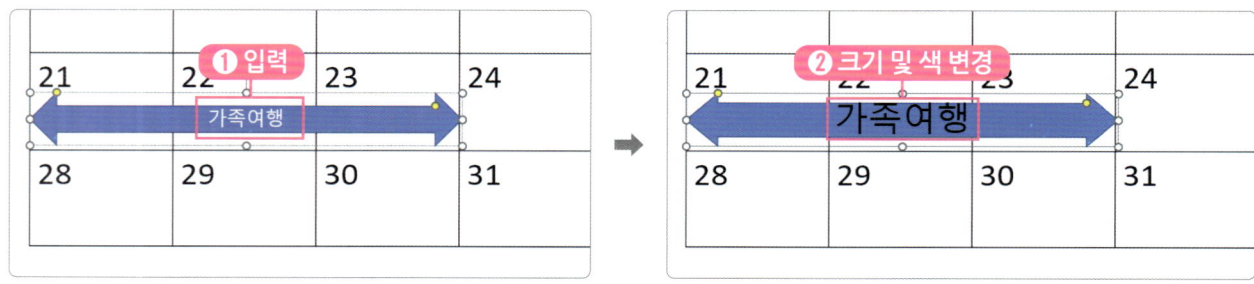

③ 화살표 도형의 색을 변경하기 위해 선택된 상태에서 [도형 서식]-[도형 채우기]-[테마 색]-[황금색, 강조4]를 클릭한 후 [도형 윤곽선]-[윤곽선 없음]을 클릭합니다.

④ 이번달 11일과 12일에는 '현장학습'을 가는 날입니다. 화살표 도형을 복사하여 배치하고 '가족여행'과 구분되도록 색을 다르게 수정합니다.

⑤ 짠~ 드디어 여름 방학 계획표가 완성되었어요. [파일] 탭-[다른 이름으로 저장]-[찾아보기]를 클릭합니다. 대화상자가 열리면 본인의 폴더를 선택한 후, '방학계획표(완성).pptx'로 저장합니다.

지금은 방학 기간이에요~ 방학을 알차게 보내도록 오늘의 할 일을 적어볼게요.

📂 불러올 파일 : 오늘의 할일.pptx   📂 완성된 파일 : 오늘의 할일_완성.pptx

**미션 01**  [Chapter07]-[불러올 파일] 폴더에서 [오늘의 할일.pptx] 파일을 열어봅니다.

**미션 02**  [삽입] 탭에 있는 [표]를 이용하여 목록 표를 만들어 봅니다.

**미션 03**  표의 색을 변경하고 오늘의 할 일 목록 표를 완성합니다.

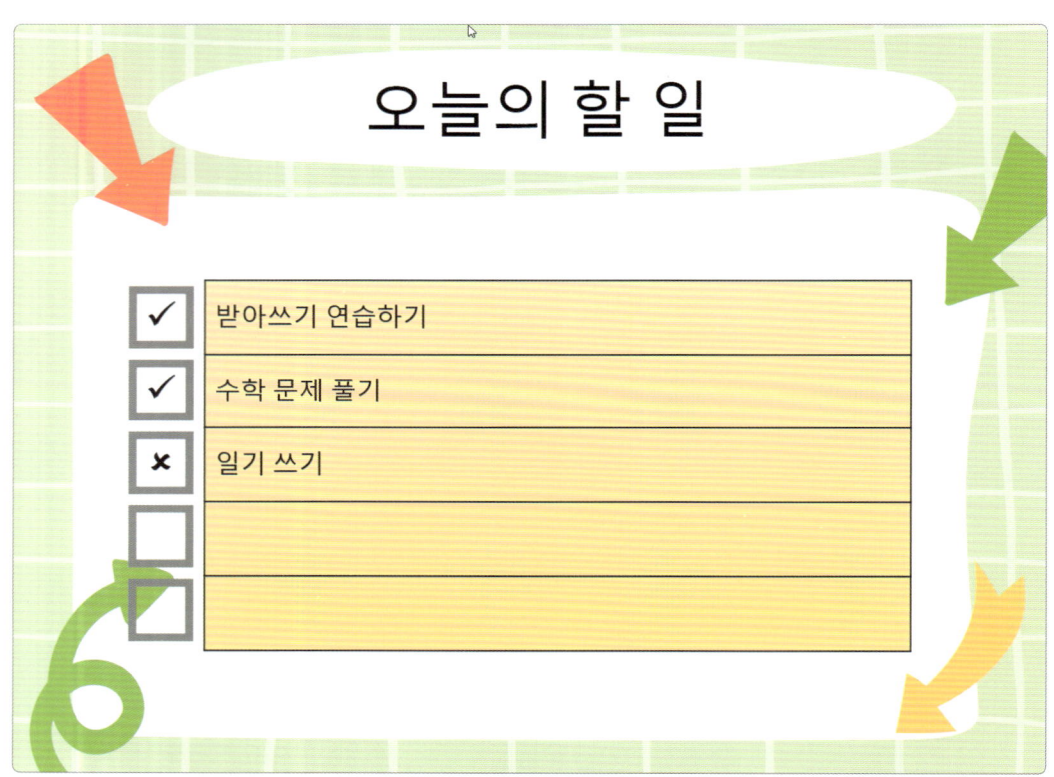

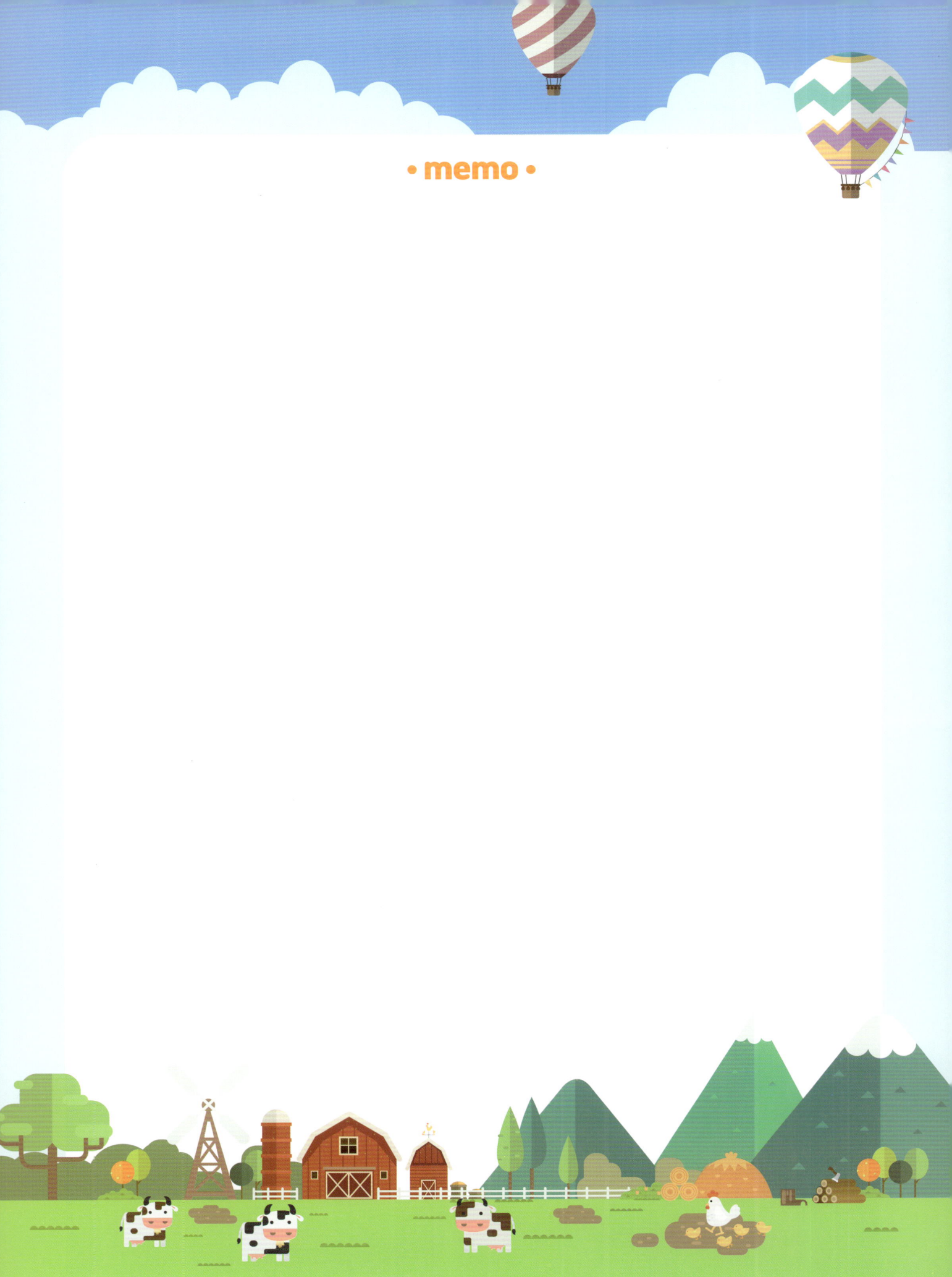

# CHAPTER 08
# 일찍 일어나는 어린이가 될 거예요!

**학습 목표**
- 파워포인트 도형을 이용하여 알람 시계를 완성해 봅니다.
- 도형의 조절점을 이용하여 시곗바늘을 꾸며봅니다.

📂 불러올 파일 : 알람시계.pptx   📘 완성된 파일 : 알람시계_완성.pptx

**오늘 배울 내용은?**  파워포인트 도형을 이용해서 알람 시계를 완성해보아요.

 **도형을 이용하여 알람 시계를 완성해 보아요.**

❶ 파워포인트를 실행 후 [알람시계.pptx] 파일을 열고 슬라이드의 구성을 확인해봅니다.

| 슬라이드 1 | 슬라이드 2 |
|---|---|
|  | 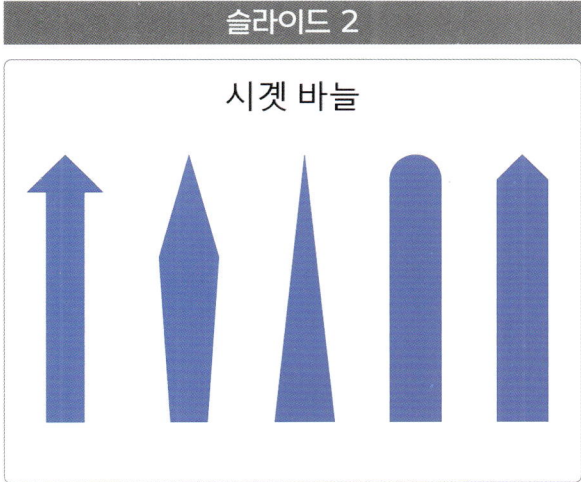 |

❷ [슬라이드2]에서 원하는 시곗바늘 도형을 선택하고 마우스 오른쪽 단추를 클릭한 후 [복사]를 클릭합니다.

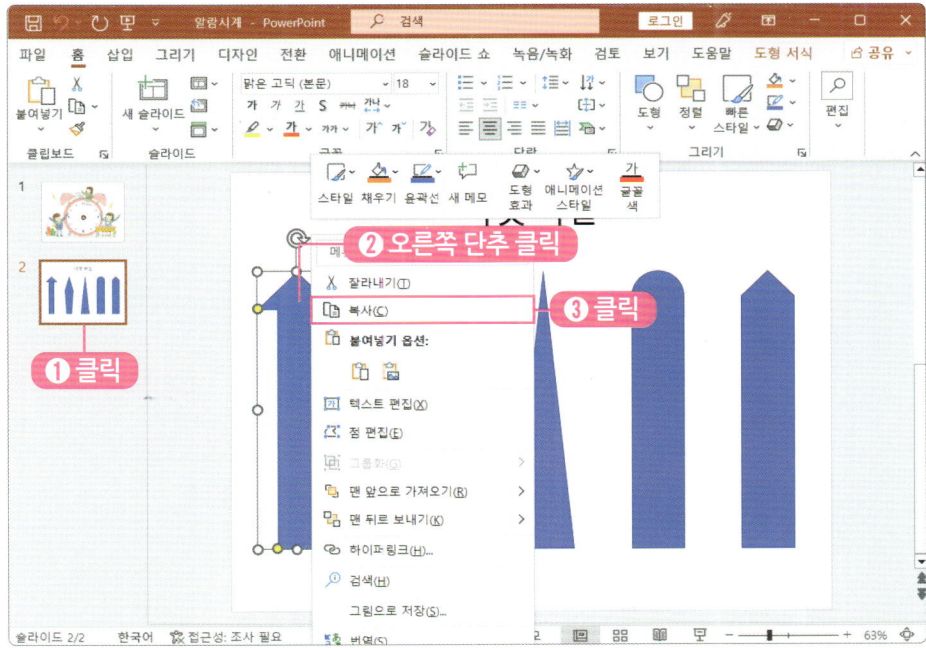

Chapter 08 일찍 일어나는 어린이가 될 거예요! • **055**

❸ [슬라이드1]에서 마우스 오른쪽 단추를 클릭한 후 [붙여넣기 옵션]-[대상 테마 사용]을 클릭합니다.

**STOP! 여기서 잠깐!**

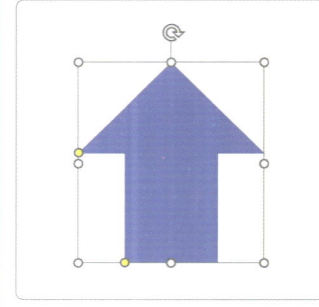

도형의 크기 및 모양 조절 방법을 알아볼까요?

① 도형을 선택하면 흰색 조절점(○)과 노란색 조절점(●), 회전 핸들(⟳) 등이 보여요.
② 조절점 위에 마우스 커서를 올려두면 커서가 (⤢) 모양으로 변경되며 드래그하면 **크기**를 조절할 수 있어요.
③ 도형 위에 마우스 커서를 올리면 커서가 (✥) 모양으로 변경되며 드래그하여 **위치**를 이동할 수 있어요.

| 원본 크기 | 노란색 조절점을 위로 옮기면 | 노란 조절점을 아래로 옮기면 |
|---|---|---|
| 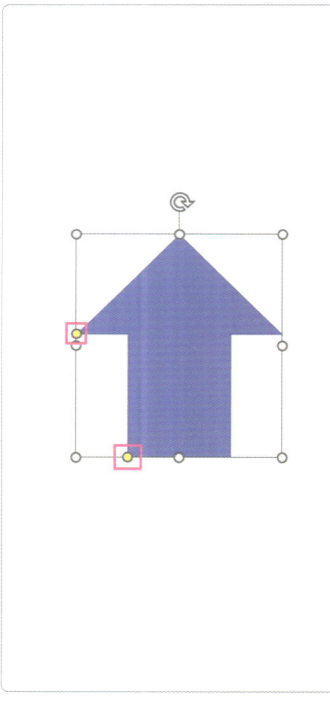 | 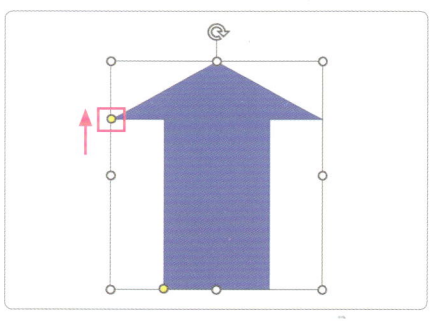 | 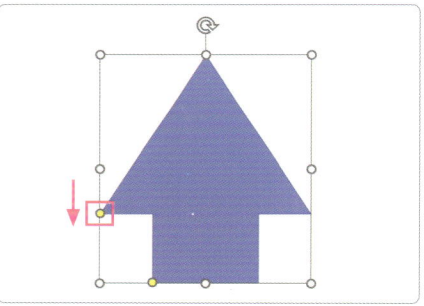 |
| | 노란 조절점을 오른쪽으로 옮기면 | 노란 조절점을 왼쪽으로 옮기면 |
| | 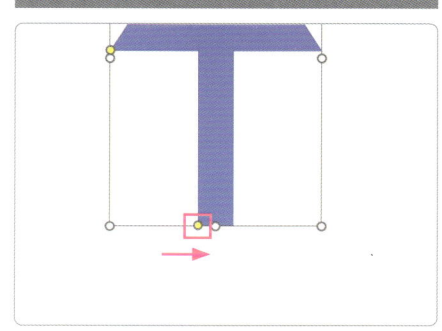 | 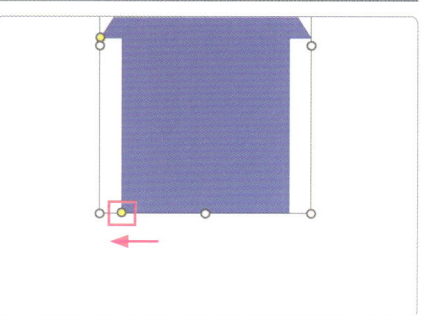 |

 **긴 바늘과 짧은 바늘을 이용해서 일어날 시간을 표현해 보아요.**

① '화살표 도형'의 흰색 조절점(○)과 노란색 조절점(●)을 이용해서 긴 바늘을 만들어 봅니다.

② 긴 바늘의 색을 바꾸기 위해 [도형 서식]-[도형 채우기]-[테마 색]-[흰색 배경 1, 50% 더 어둡게]를 클릭합니다.

③ 긴 바늘을 Ctrl 을 누르고 드래그하여 짧은 바늘도 만들어 봅니다. 짧은 바늘의 크기를 수정하고 회전 핸들(↻)을 사용해서 알람 시계가 8시가 되도록 짧은 바늘을 배치해줍니다.

Chapter 08 일찍 일어나는 어린이가 될 거예요! • **057**

④ 시계 가운데에 위치한 '원형 도형'에서 마우스 오른쪽 단추를 클릭한 후 바로 가기 메뉴의 [맨 앞으로 가져오기]를 클릭합니다.

⑤ 짠~ 8시 알람 시계가 완성되었어요. [파일] 탭-[다른 이름으로 저장]-[찾아보기]를 클릭합니다. 대화 상자가 열리면 본인의 폴더를 선택한 후, '알람시계(완성).pptx'로 저장합니다.

## STOP! 여기서 잠깐!

**시계 읽는 법을 배워 볼까요?**

① 시계는 숫자판이 1부터 12까지 있고 긴 바늘과 짧은 바늘, 빨간 바늘로 이루어져 있어요.
② **짧은 바늘은 시간을 나타내요.** 7을 가리키면 7시, 8을 가리키면 8시에요.
③ **긴 바늘은 분을 나타내요.** 숫자 1은 5분을 의미해요. 긴 바늘이 1을 가리키면 5분, 2를 가리키면 10분, 6을 가리키면 30분, 12를 가리키면 정각이랍니다.
④ 제일 바쁘게 돌아가는 **빨간 바늘은 초를 나타내요.** 1초씩 돌아가기 때문에 긴 바늘처럼 숫자를 세요.

만약 짧은 바늘이 숫자 8에 있고 긴 바늘이 12를 가리키고 있다면 몇 시 몇 분일까요?
정답은! 8시

**CHAPTER 08**

내일은 어떤 하루를 보낼까? 동그라미 계획표를 만들어보자!

📁 불러올 파일 : 내일 일정.pptx    📁 완성된 파일 : 내일 일정_완성.pptx

**미션 01**  [Chapter08]-[불러올 파일] 폴더에서 [내일 일정.pptx] 파일을 열어봅니다.

**미션 02**  도형을 선택하고 노란색 조절점을 이용해 시간을 변형해봅니다.

**미션 03**  동그라미 계획표에 텍스트 상자를 넣고 계획을 작성해봅니다.

💡 **힌트 주세요!**

- 파란색과 빨간색 원형 조각을 선택하고 노란 조절점(◎)을 오른쪽, 왼쪽으로 이동하면 시간을 조절할 수 있어요.
- 글자를 넣을 때는 [삽입] 탭에서 [텍스트 상자]-[가로 텍스트 상자 그리기]로 '텍스트 상자'를 만들고 글자를 입력하면 돼요.

Chapter 08 일찍 일어나는 어린이가 될 거예요! • **059**

# CHAPTER 09 동물원에 가고 싶어요!

**학습 목표**
- 파워포인트 스톡 3D 모델을 이용하여 동물원을 꾸며봅니다.
- 스톡 3D 모델의 크기 조정과 방향을 바꾸어봅니다.

■ 불러올 파일 : 동물원.pptx   ■ 완성된 파일 : 동물원_완성.pptx

**오늘 배울 내용은?**   파워포인트 스톡 3D 모델을 이용해서 멋진 동물원을 꾸며보아요.

 **파워포인트 스톡 3D 모델을 이용해서 얼룩말을 데려와 보아요.**

① 파워포인트를 실행 후 [동물원.pptx] 파일을 열고 슬라이드의 구성을 확인해봅니다.

② 동물원에 동물이 없네요! 동물을 추가하기 위해 [삽입] 탭에서 [3D 모델]-[스톡 3D 모델]을 클릭합니다.

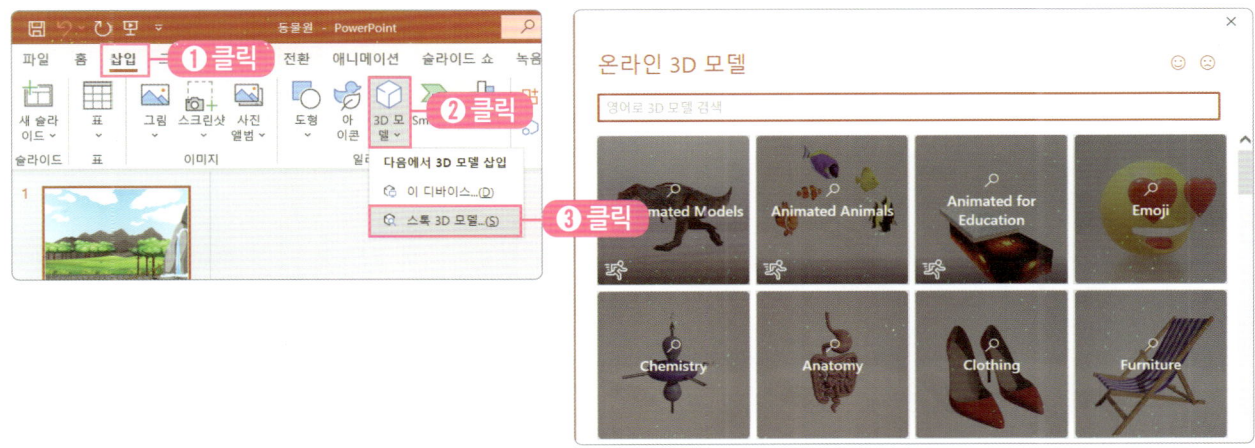

❸ 온라인 3D 모델에서 [Animals]-[얼룩말]을 찾아 클릭하고 [삽입]을 클릭합니다.

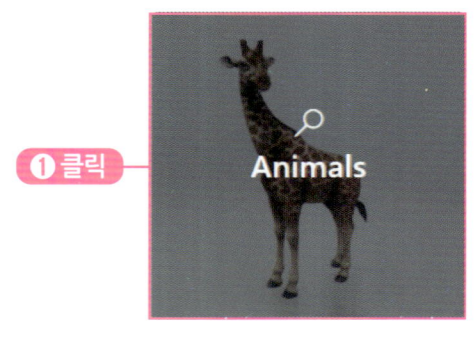

❹ 얼룩말을 흰색 크기 조절점(○)을 이용하여 크기를 조절하고 가운데 회전 핸들(⊕)을 드래그하여 방향을 바꿔봅니다.

❺ 이동도구(✥)를 이용하여 위치를 옮기고 Ctrl 을 누르고 드래그하여 그림과 같이 얼룩말을 한 마리 더 만들어 줍니다.

 **움직이는 코뿔소를 데려와 보아요.**

❶ 코뿔소를 삽입하기 위해 [삽입] 탭에서 [3D 모델]-[스톡 3D 모델]을 클릭합니다.

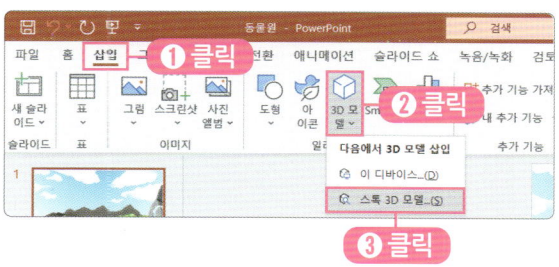 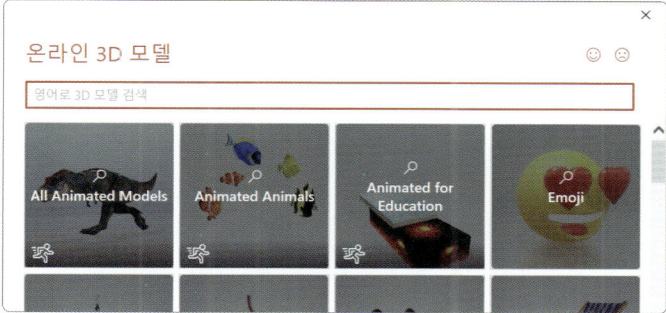

❷ 온라인 3D 모델에서 [All Animated Models]를 클릭한 후 '코뿔소'를 찾아서 클릭하고 [삽입]을 클릭합니다.

 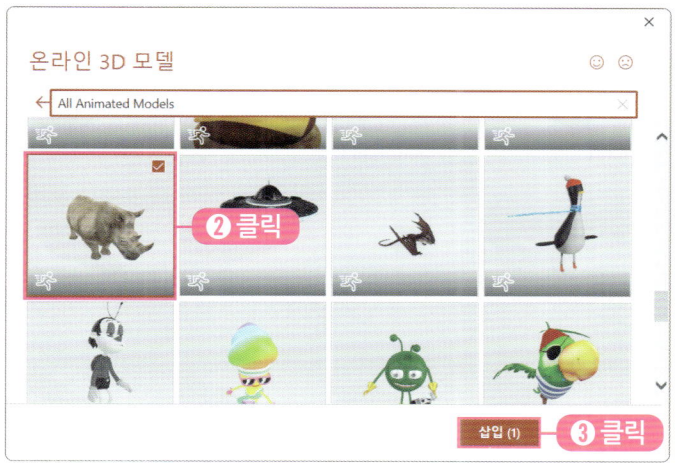

❸ 얼룩말과 같은 방법으로 코뿔소의 크기를 조절하고 가운데 회전 핸들을 이용하여 방향을 바꿔봅니다. 얼룩말과 다른 점은 영상을 정지/재생 할 수 있는 버튼(▶)이 추가됩니다. 총 3마리의 움직이는 코뿔소를 배치해봅니다.

④ 움직이는 3D 모델은 [3D 모델] 탭-[3D 재생]-[장면]에서 원하는 장면을 선택하여 다르게 설정할 수 있습니다. '코뿔소'는 [장면 1]로 얼굴 움직이기, [장면 2]로 걷기, [장면 3]은 뛰기입니다.

⑤ 동물원이 완성되었어요. [파일] 탭-[다른 이름으로 저장]-[찾아보기]를 클릭합니다. 대화상자가 열리면 본인의 폴더를 선택한 후, '동물원(완성).pptx'로 저장합니다.

CHAPTER 09

다음 주 주말에는 아쿠아리움에 가고 싶어요!

📁 불러올 파일 : 아쿠아리움.pptx    📁 완성된 파일 : 아쿠아리움_완성.pptx

**미션 01** [Chapter09]-[불러올 파일] 폴더에서 [아쿠아리움.pptx] 파일을 열어봅니다.

**미션 02** [삽입] 탭에서 [3D 모델]-[스톡 3D 모델]을 이용하여 바닷속에 사는 다양한 해양 동물을 삽입하여 배치합니다.

**미션 03** 짠~ 완성된 아쿠아리움을 확인해봅니다.

💡 **힌트 주세요!**
- [삽입] 탭에서 [3D 모델]-[스톡 3D 모델]을 클릭합니다.
- 움직이는 물고기를 배치할 때는 [Animated Animals]를 클릭하고 멈춰있는 물고기를 배치할 때는 [Animals]를 클릭하여 원하는 물고기를 배치할 수 있습니다.

# CHAPTER 10 Good 알파벳 자석 만들기

**학습 목표**
- 파워포인트 도형 병합 기능을 이용하여 입체 도형을 만들어 봅니다.
- 통합, 결합, 조각, 교차, 빼기 기능을 다양하게 사용해봅니다.

■ 불러올 파일 : 알파벳.pptx    ■ 완성된 파일 : 알파벳_완성.pptx

**오늘 배울 내용은?**  파워포인트 도형 병합 기능을 이용하여 Good 알파벳 자석을 만들어 보아요.

 **파워포인트 도형 병합 기능을 이용하여 알파벳을 만들어보아요.**

① 파워포인트를 실행 후 [알파벳.pptx] 파일을 열고 슬라이드의 구성을 확인해봅니다.

② [삽입] 탭에 있는 [도형]-[순서도]에서 [순서도:지연(D)]을 찾아 클릭하고 마우스로 드래그하여 도형을 답습니다.

③ 도형이 선택된 상태에서 [도형 서식]-[정렬] 그룹에서 [회전]-[좌우 대칭]을 클릭합니다.

④ 좌우가 바뀐 도형이 선택된 상태에서 Ctrl 을 누르고 드래그하여 도형을 하나 더 복사합니다. 복사된 도형의 흰색 조절점(O)을 드래그하여 크기를 조절합니다.

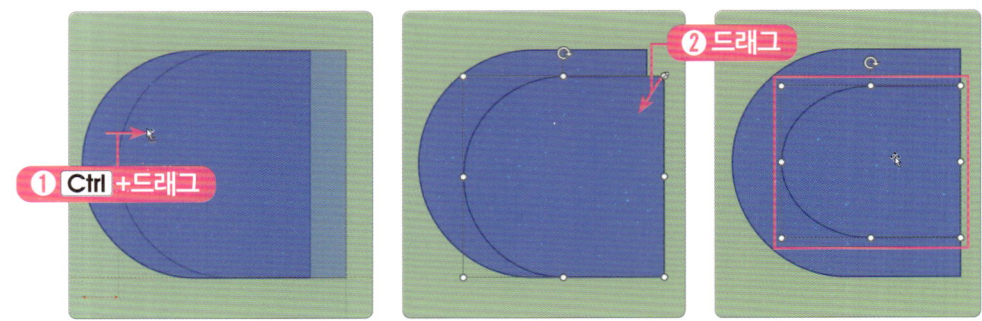

⑤ 삽입된 두 개의 도형이 선택되도록 빈 공간에서 드래그하여 모두 선택합니다. [도형 서식]-[정렬] 그룹에서 [맞춤]-[오른쪽 맞춤]과 [중간 맞춤]을 순서대로 클릭합니다.

※ 여러 개의 도형을 선택할 때는 Shift 를 누르고 도형을 클릭하면 다중 선택이 가능합니다.

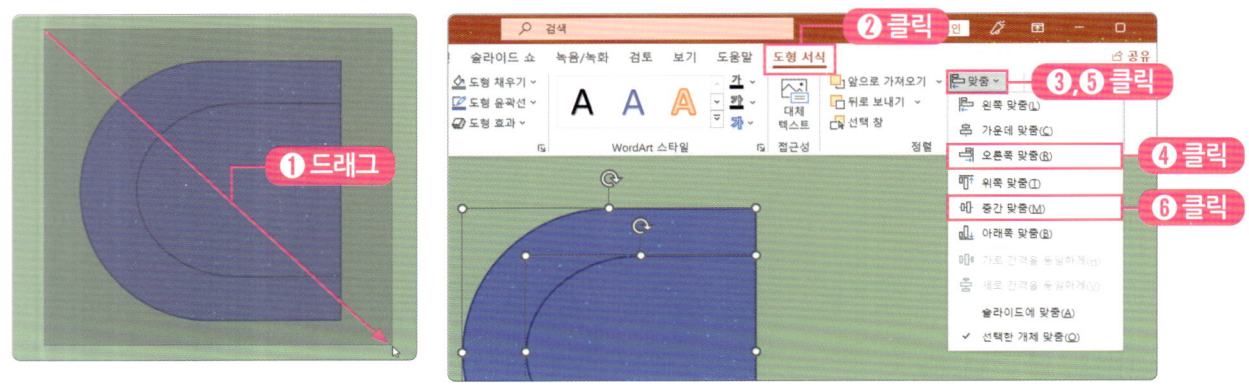

⑥ 두 개의 도형이 선택된 상태에서 [도형 서식]-[도형 삽입] 그룹에서 [도형 병합]-[결합]을 클릭합니다. 도형 결합으로 'C' 모양이 완성되었습니다.

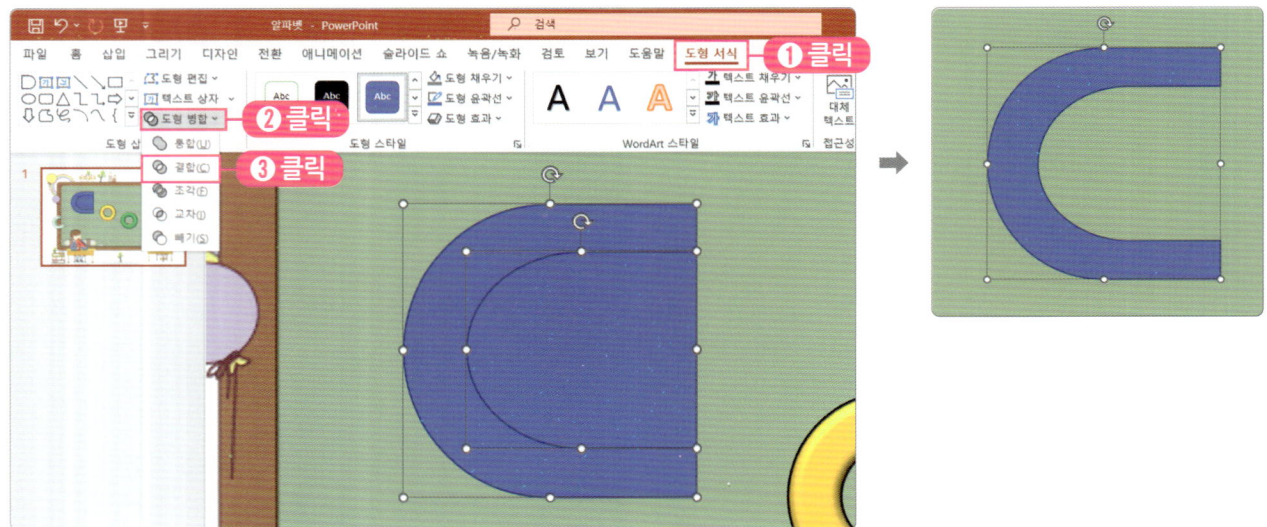

⑦ 'G' 모양을 완성하기 위해서 [삽입] 탭에서 [도형]-[기본 도형]-[L 도형(⌐)]을 선택 후 드래그합니다.

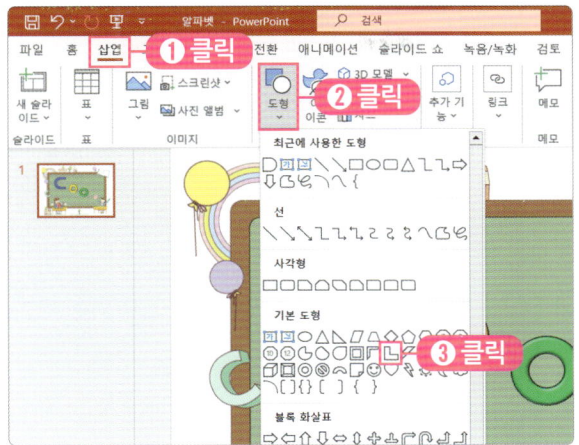

⑧ [L 도형(⌐)]을 선택된 상태에서 [도형 서식]-[정렬] 그룹의 [회전]-[좌우 대칭]을 클릭한 다음 [회전]-[상하 대칭]을 클릭합니다.

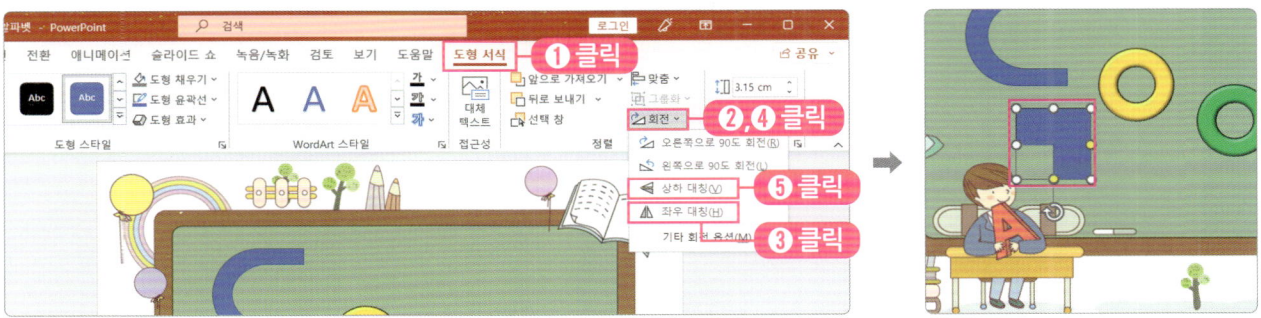

⑨ [L 도형(⌐)]의 흰색 조절점(○)과 노란색 조절점(●)을 사용하여 'G'를 완성합니다. 두 개의 도형을 모두 선택하고 [도형 서식]-[도형 삽입] 그룹에서 [도형 병합]-[통합]을 클릭합니다. 알파벳 'G' 모양이 완성됩니다.

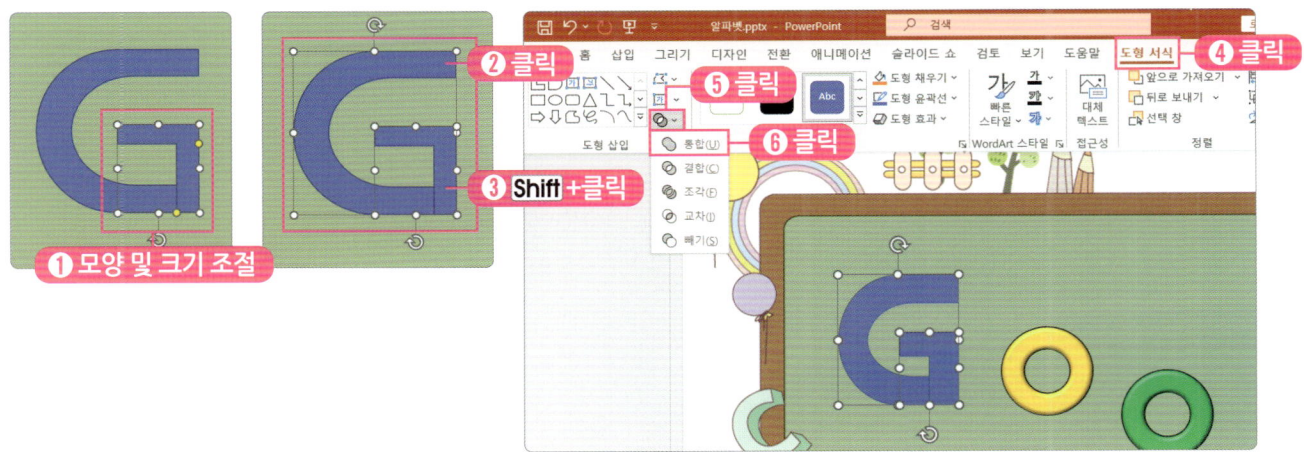

 ## 'Good'을 완성시키려면 'd'가 필요해요!

❶ [삽입] 탭에 있는 [도형]-[기본 도형]-[원형:비어 있음(◎)]을 클릭하고 드래그합니다.

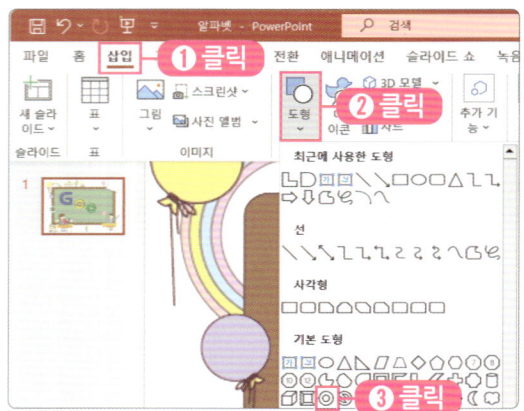 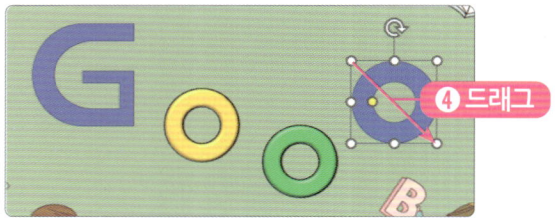

❷ [삽입] 탭의 [도형]-[기본 도형]-[직사각형(☐)]을 클릭한 후 드래그하여 알파벳 'd' 모양을 완성합니다.

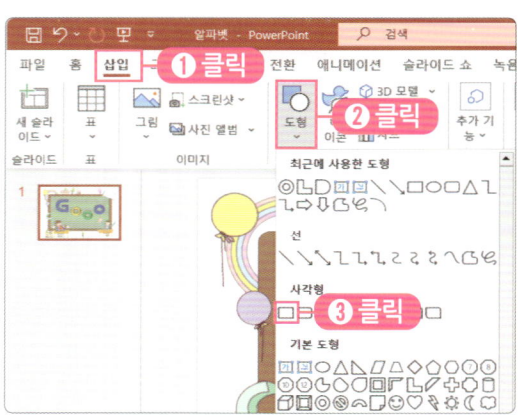 

❸ 'G'와 똑같은 방법으로 [원형:비어 있음(◎)] 도형과 [직사각형(☐)] 도형을 선택하고 [도형 서식]-[도형 삽입] 그룹에서 [도형 병합]-[통합]을 클릭합니다.

④ 도형으로 만든 'G' 모양을 클릭하고 Shift 를 누른 상태에서 'd' 모양을 클릭합니다. [도형 서식]-[도형 스타일] 그룹에서 [도형 윤곽선]-[검정, 텍스트1]을 클릭합니다.

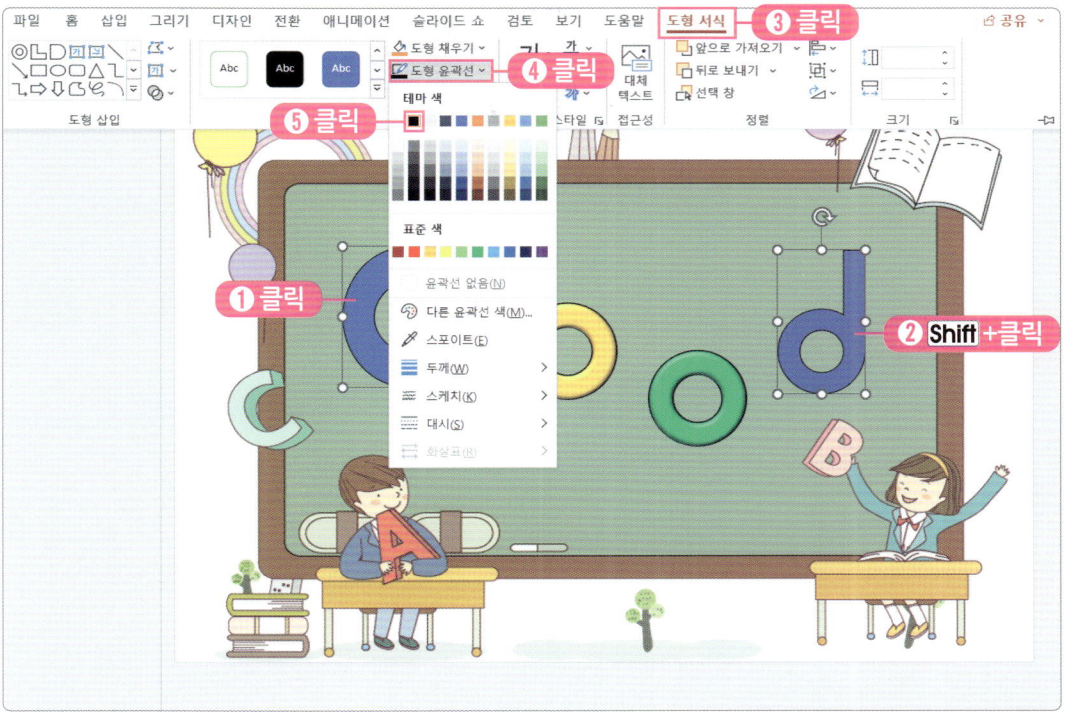

⑤ 도형에 입체 효과를 지정하기 위해 두 개의 도형이 선택된 상태에서 [도형 서식]-[도형 스타일] 그룹에서 [도형 효과]-[입체 효과]-[둥글게(■)]를 클릭합니다.

❻ 도형의 색을 변경하기 위해 'G' 도형을 선택한 후 [도형 서식]-[도형 스타일] 그룹에서 [도형 채우기]-[진한 빨강]을 클릭합니다.

❼ 'Good' 알파벳 자석이 완성되었어요. [파일] 탭-[다른 이름으로 저장]-[찾아보기]를 클릭합니다. 대화 상자가 열리면 본인의 폴더를 선택한 후, '이름표(완성).pptx'로 저장합니다.

## CHAPTER 10

기역, 니은, 디귿, 리을... 한글 자음표를 완성해 봅시다.

📁 불러올 파일 : 한글자음.pptx   📁 완성된 파일 : 한글자음_완성.pptx

**미션 01** [Chapter10]-[불러올 파일] 폴더에서 [한글자음.pptx] 파일을 열어봅니다.

**미션 02** [삽입] 탭에 있는 [도형]-[도형 병합]-[통합] 기능을 다양하게 활용해봅니다.

**미션 03** 'ㄹ' / 'ㅅ' / 'ㅌ' 모양을 만들어보세요. 짠~ 한글 자음표가 완성되었어요!

### 힌트 주세요!

- [삽입] 탭에서 [도형] 메뉴에서 다양한 도형을 사용하여 'ㄹ' / 'ㅅ' / 'ㅌ' 모양을 만들어봅니다.
- 여러개의 도형을 선택해야 할 경우 **Shift** 를 누르고 도형을 클릭합니다.
- 도형을 통합하거나 결합 등 도형 편집이 필요할 경우 [도형 서식]-[도형 삽입] 그룹에 있는 [도형 병합] 메뉴를 사용합니다.

# CHAPTER 11
## 밤하늘에 별똥별이 있어요

**학습 목표**
- 파워포인트 그라데이션 기능을 이용해봅니다.
- 다양한 색상을 이용하여 별똥별을 꾸며봅니다.

■ 불러올 파일 : 별똥별.pptx　■ 완성된 파일 : 별똥별_완성.pptx

**오늘 배울 내용은?**　파워포인트 그라데이션 기능을 이용하여 별똥별을 완성해봅니다.

 **별똥별의 색을 칠해보아요.**

1. 파워포인트를 실행 후 [별똥별.pptx] 파일을 열고 슬라이드의 구성을 확인해봅니다.

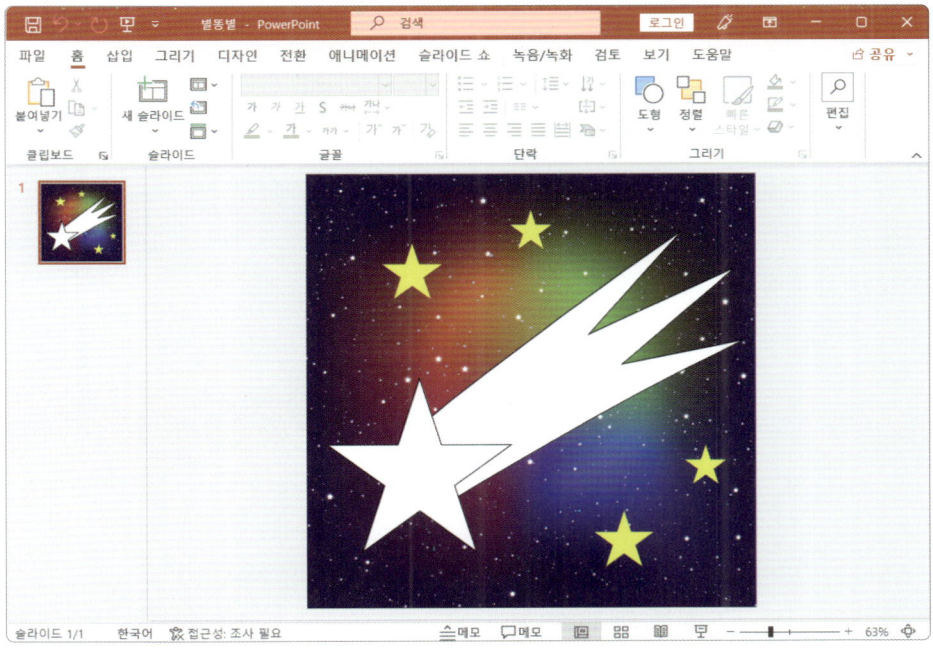

2. '별' 도형을 선택하고 [도형 서식]-[도형 채우기]-[노랑]을 클릭합니다.

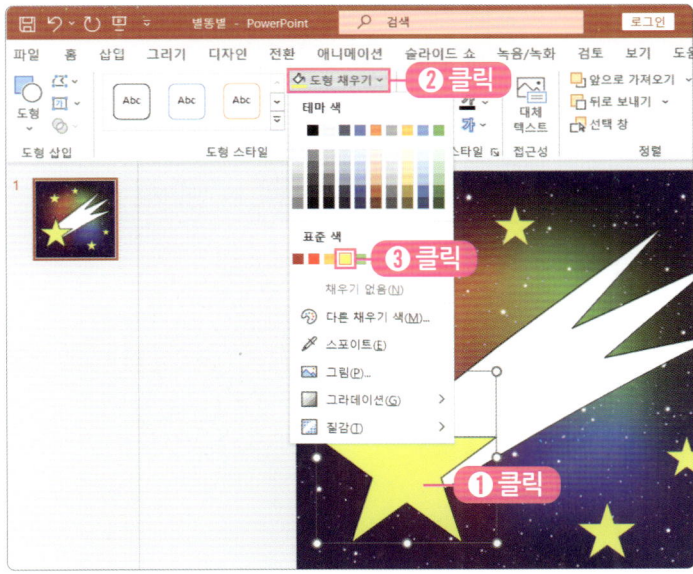
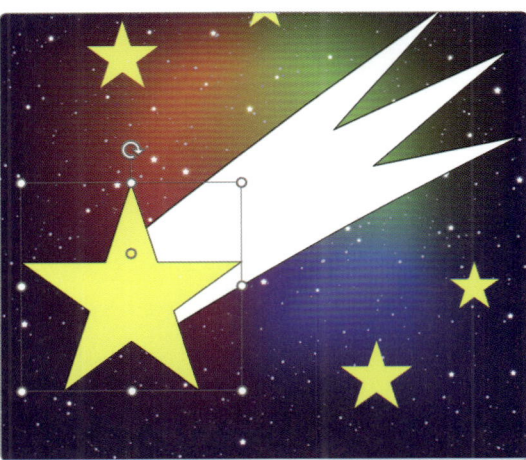

③ '별똥별 꼬리' 부분을 마우스 오른쪽 단추로 클릭한 후 [도형 서식]을 클릭합니다. 이어서, [도형 서식]의 [채우기]-[그라데이션 채우기]를 클릭합니다.

④ [그라데이션 중지점] 색을 하나씩 순서대로 바꿔줍니다.

##  반짝 반짝, 빛나는 별똥별을 만들어 보아요.

❶ '노란 별'을 선택한 후 Shift 를 누른 상태에서 '별똥별 꼬리'를 클릭하여 두 개의 도형을 모두 선택합니다.

❷ [도형 서식] 탭-[도형 효과]-[네온]-[네온, 18pt, 황금색, 강조색 4(▫)]를 클릭하여 빛나는 효과를 지정합니다.

Chapter 11 밤하늘에 별똥별이 있어요 • **077**

❸ 두 개의 도형이 선택된 상태에서 [도형 서식]-[도형 윤곽선]-[윤곽선 없음]을 클릭한 후 Esc 를 눌러 도형 선택을 해제합니다.

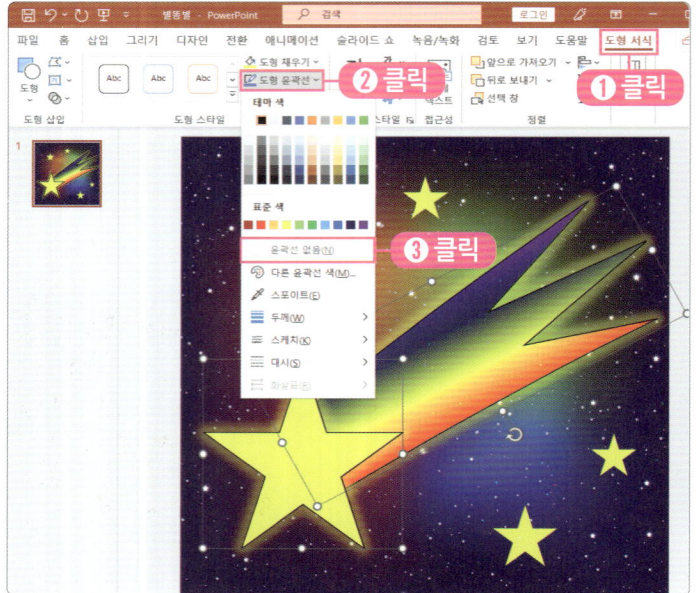

❹ 짜잔~ 빛나는 별똥별이 완성되었어요. [파일] 탭-[다른 이름으로 저장]-[찾아보기]를 클릭합니다. 대화상자가 열리면 본인의 폴더를 선택한 후, '별똥별(완성).pptx'로 저장합니다.

CHAPTER 11

### 날씨 좋은 날, 비행기를 타면?

📁 불러올 파일 : 비행기에서 하늘.pptx   📁 완성된 파일 : 비행기에서 하늘_완성.pptx

**미션 01** [Chapter11]-[불러올 파일] 폴더에서 [비행기에서 하늘.pptx] 파일을 열어봅니다.

**미션 02** [도형 서식]-[그라데이션 채우기] 기능으로 하늘을 표현해봅니다.

**미션 03** 비행기 안에서 바라보는 맑은 하늘이 완성되었어요!

💡 **힌트 주세요!**

검정색 하늘에서 바로 가기 메뉴의 [그림 서식]을 눌러 변경해요.
맑은 하늘을 표현하기 위해서는 중지점은 총 3개로 만들어요.
표에 있는 내용을 참고해서 맑은 하늘을 만들어주세요.

| <중지점1> | <중지점2> | <중지점3> |
|---|---|---|
| 색상 : 표준색-연한 파랑<br>위치 : 0% | 색상 : 테마색-파랑, 강조 5,<br>60% 더 밝게<br>위치 : 50% | 색상 : 테마색-파랑, 강조 5,<br>80% 더 밝게<br>위치 : 100% |// 

 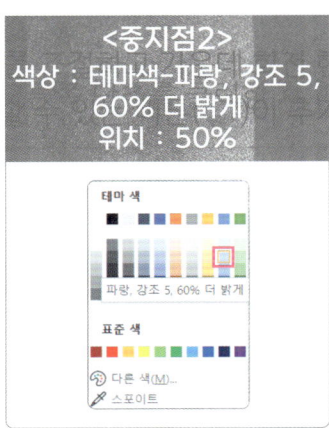 

# CHAPTER 12 종합 활동 문제

**01** 커서의 모양과 기능을 연결해보아요.

- 도형 이동
- 도형 크기 조절
- 도형 회전

**02** 보기 상자에서 단어를 골라 빈 칸을 채워 보아요.

| Ctrl + V | Ctrl + 드래그 | Ctrl + Shift + 드래그 |
|---|---|---|
| Ctrl + Shift + G | Tab | Ctrl + G |
| Ctrl + C | F5 | Shift + Tab |
| Shift | Esc | Shift + F5 |

① 도형을 복사할 때 ☐ 단축키를 사용하고 붙여넣기 할 때에는 ☐ 를 사용해요.

② ☐ 를 하면 도형이 복사가 되고, 수직방향과 수평방향으로 반듯하게 복사를 하고 싶으면 ☐ 를 사용할 수 있어요.

③ 도형을 선택할 때에는 ☐ 누르면서 클릭하고, 선택된 도형을 모두 그룹화 하려면 ☐ 단축키를 이용해요. 그룹화 해제는 ☐ 단축키를 이용하면 돼요.

④ 표에서 오른쪽 칸으로 이동하려면 ☐ 키를 누르고, 왼쪽 칸으로 이동하려면 ☐ 키를 눌러주면 돼요.

⑤ 파워포인트에서 슬라이드 쇼를 처음부터 보려면 ☐ 키를 누르고, 현재 슬라이드부터 보려면 ☐ , 슬라이드 쇼를 종료하려면 ☐ 키를 눌러요.

**03** 파란색 하트를 반짝반짝 빛나는 빨간색 하트로 만들려고 해요. 사용하지 않은 효과는 어떤 효과일까요?

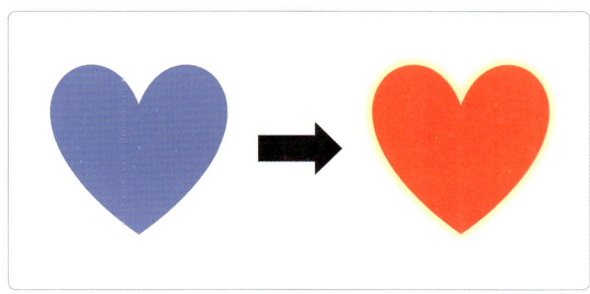

① [도형채우기]-[빨강]

② [도형 윤곽선]-[윤곽선 없음]

③ [도형 효과]-[네온]-[네온, 18pt, 황금색, 강조색 4]

④ [도형 효과]-[반사]-[근접반사, 터치]

**04** 동그라미와 세모 도형을 이용하여 만든 도형이에요. [도형 병합]에서 어떤 기능을 이용 했을까요?

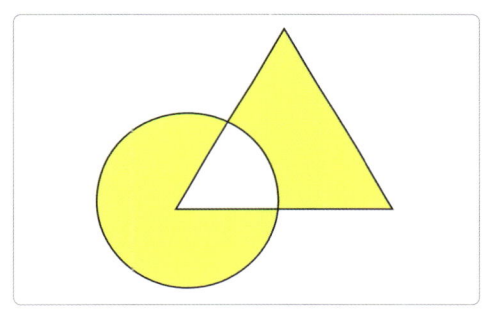

① 병합

② 결합

③ 교차

④ 빼기

**05** [Chapter12]-[불러올 파일] 폴더에서 [텀블러.pptx] 파일을 열어봅니다. 오른쪽 텀블러가 완성되지 않았어요. 좌우대칭을 사용하여 텀블러를 완성해 보아요.

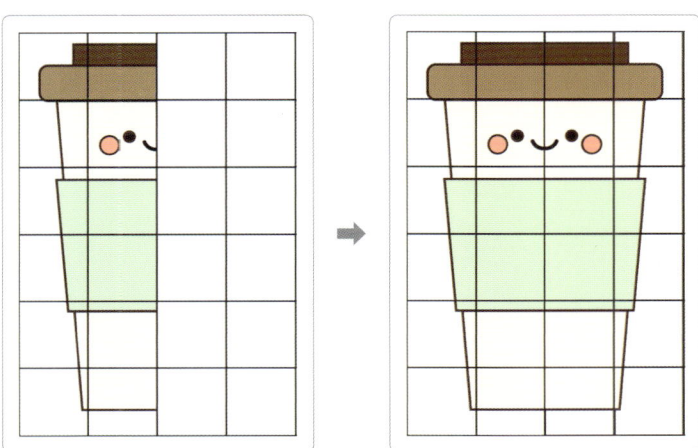

Chapter 12 종합 활동 문제 • **081**

CHAPTER 13

# 시원한 수박 부채 만들기

**학습 목표**
- 파워포인트 도형을 이용하여 수박 부채 도안을 만들어봅니다.
- 도안을 프린트하여 부채를 접어봅니다.

■ 불러올 파일 : 수박부채.pptx　■ 완성된 파일 : 수박부채_완성.pptx

**오늘 배울 내용은?** 파워포인트 도형을 이용하여 시원한 수박 부채를 만들어 보아요.

수박 부채 만들기 영상

 **수박에 씨가 없네요. 수박씨를 만들어보아요.**

① 파워포인트를 실행 후 [수박부채.pptx] 파일을 열고 슬라이드의 구성을 확인해봅니다.

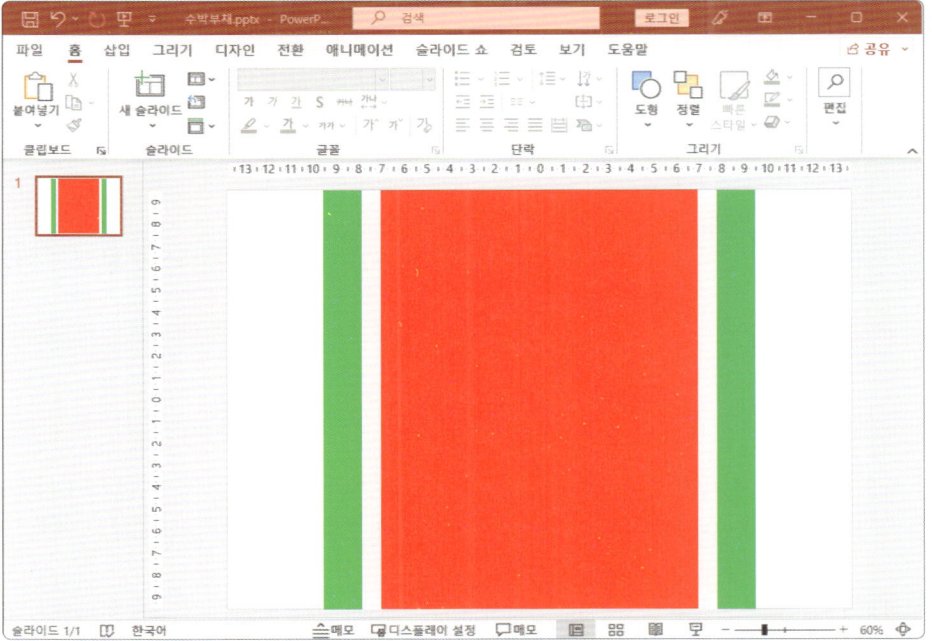

② [삽입] 탭에 있는 [도형]-[기본 도형]에서 [눈물방울(◌)] 도형을 이용하여 '수박씨 모양'을 만들어 봅니다. 이어서, [도형 채우기]와 [도형 윤곽선] 모두 [검정, 텍스트1]로 설정합니다.

❸ '수박씨'의 뾰족한 부분이 오른쪽으로 향할 수 있도록 [도형 서식] 탭에서 [회전]-[기타 회전 옵션]을 클릭한 후 크기 항목의 높이(1), 너비(1), 회전(45°)값을 수정합니다.

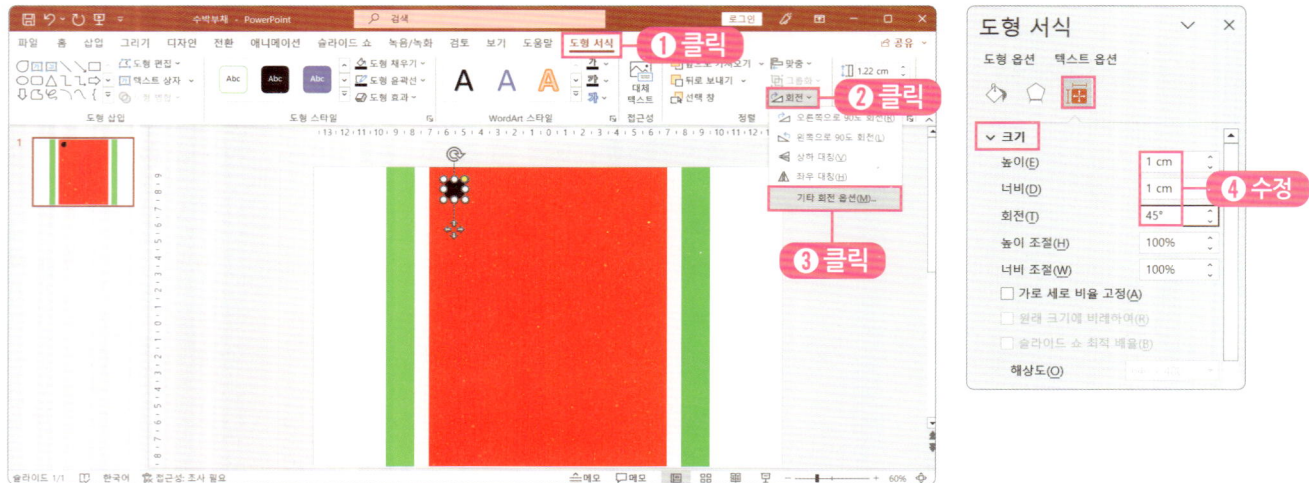

❹ '수박씨'를 반듯하게 복사하기 위해 Ctrl + Shift 를 누르면서 아래로 드래그합니다. '수박씨'가 하나 더 복사되면 F4 를 연속으로 눌러 일정 간격으로 삽입합니다.

※ F4 단축키 : 이전 명령을 반복합니다.
※ Ctrl + Shift 를 누른 상태에서 드래그하면 도형을 반듯하게 복사합니다.

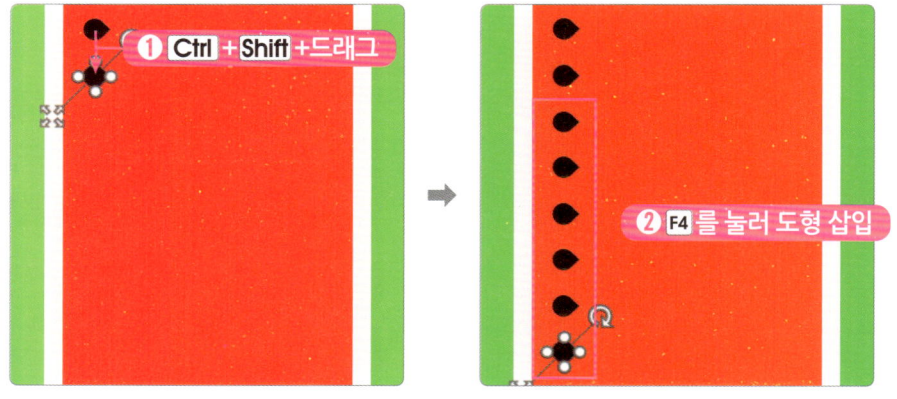

❺ 키보드의 Shift 를 누른 상태에서 '수박씨'를 클릭하여 모두 선택합니다. '수박씨'가 모두 선택되면 Ctrl + G 를 눌러 하나의 그룹으로 묶습니다.
  ※ Ctrl + G 를 누르면 그룹으로 설정할 수 있고, Ctrl + Shift + G 를 누르면 그룹을 해제할 수 있습니다.

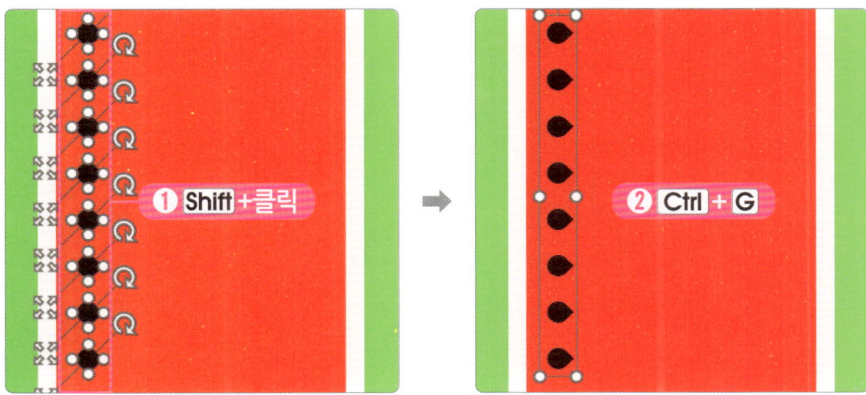

❻ 그룹화된 '수박씨'를 클릭하고, Ctrl 을 누른 상태로 오른쪽으로 드래그하여 복사합니다. 같은 방법으로 '수박씨'를 결과 화면과 같이 안듭니다.

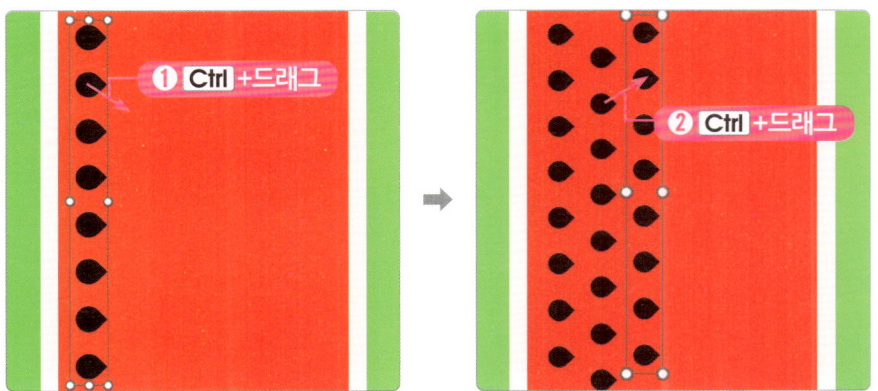

❼ 키보드의 Shift 를 누른 상태에서 '수박씨'를 클릭하여 모두 선택한 후 Ctrl + Shift 를 누르면서 오른쪽으로 드래그하여 복사합니다.
  ※ 도형을 선택하고 Ctrl + Shift +드래그하면 반듯하게 복사할 수 있습니다.

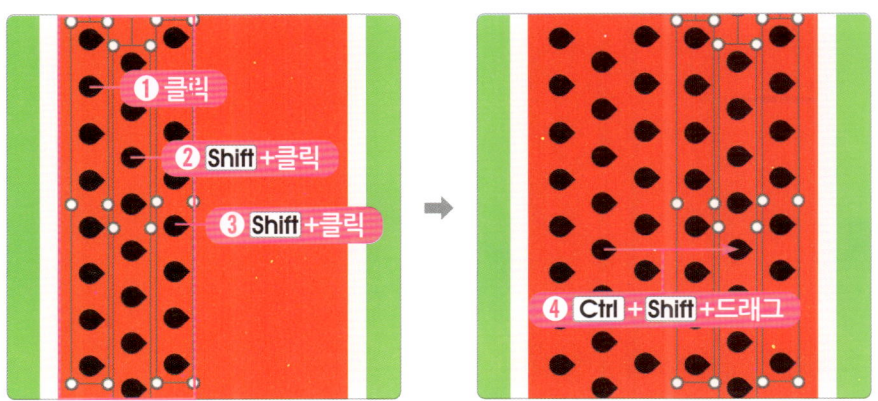

**⑧** 복사된 세 개의 '수박씨' 도형이 선택된 상태에서 Ctrl+G를 눌러 하나의 그룹으로 묶은 다음 [도형 서식]-[정렬] 그룹에서 [회전]-[좌우대칭]을 클릭합니다.

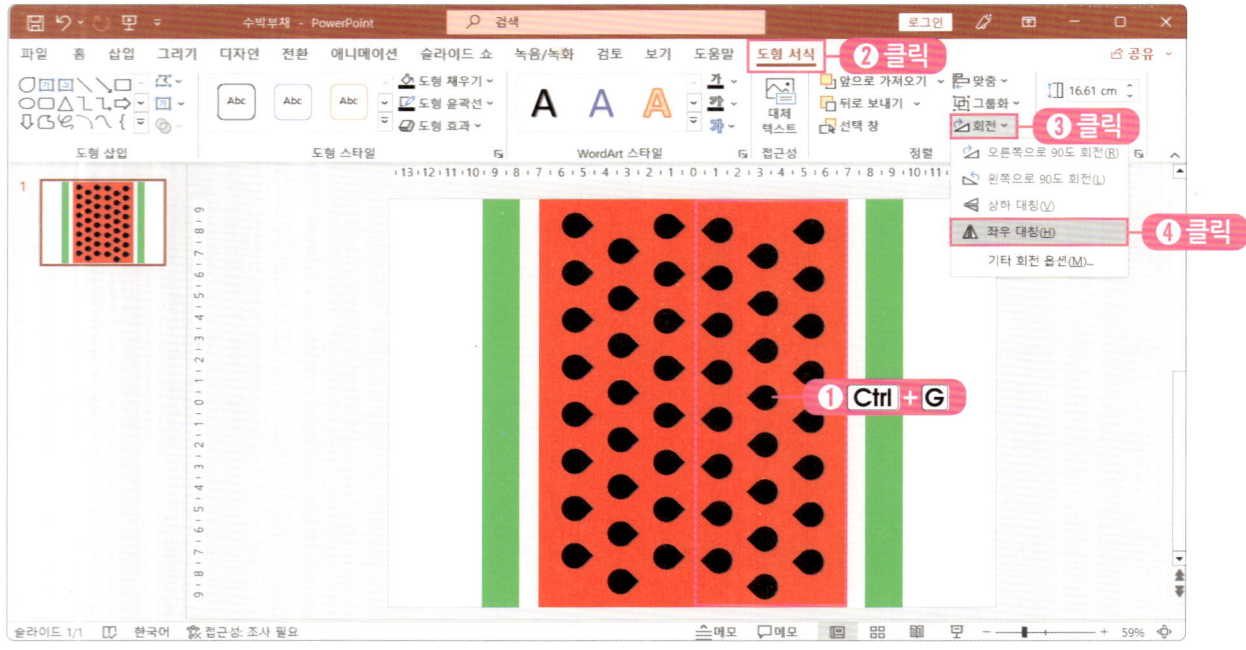

**⑨** 짠~ 수박 부채 색종이 완성~! A4 용지로 프린트해서 접으면 수박 부채가 완성됩니다.
　※ 종이접기 방법은 영상을 확인하세요!

# CHAPTER 13

### 상큼한 키위 부채를 만들어볼까요?

📁 불러올 파일 : 키위부채.pptx   📁 완성된 파일 : 키위부채_완성.pptx

**미션 01**  [Chapter13]-[불러올 파일] 폴더에서 [키위부채.pptx] 파일을 열어봅니다.

**미션 02**  [도형]-[기본 도형]에서 [눈물방울(◯)] 도형을 사용하여 키위의 '씨'를 만들어봅니다.

**미션 03**  '키위 씨'를 선택하고 [도형 서식]-[정렬] 그룹에서 [회전]-[좌우대칭]을 클릭합니다.

**미션 04**  키위 부채 도면이 완성되었다면 인쇄하여 키위 부채를 접어봅니다.

키위 부채 만들기 영상

Chapter 13 시원한 수박 부채 만들기 **087**

# CHAPTER 14 퀴즈~! 나는 누구일까요?

**학습 목표**
- 파워포인트 대칭 기능을 이용하여 퀴즈 판을 만들어봅니다.
- 문제와 답을 만들어봅니다.

■ 불러올 파일 : 퀴즈.pptx   ■ 완성된 파일 : 퀴즈_완성.pptx

**오늘 배울 내용은?** 문제와 정답이 있는 입체 퀴즈판을 만들어보아요.

**퀴즈 판 만들기 영상**

 **이것은 무엇일까요? 퀴즈판을 만들어보아요!**

① 파워포인트를 실행 후 [퀴즈.pptx] 파일을 열고 슬라이드의 구성을 확인해봅니다.

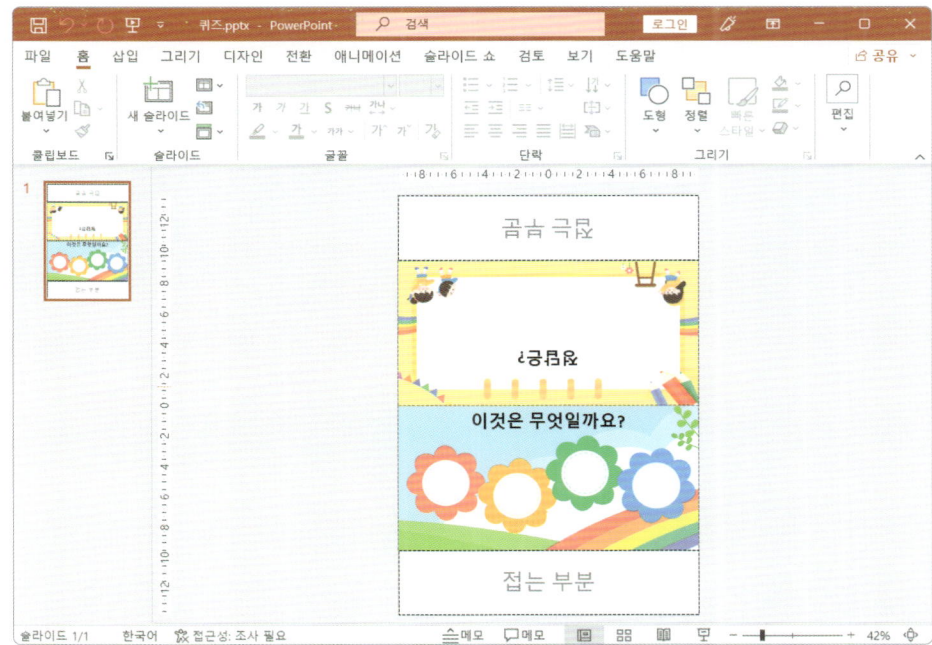

② [삽입] 탭에서 [텍스트 상자]-[가로 텍스트 상자 그리기]를 클릭하고 '빨간 꽃' 위에 드래그하여 텍스트 상자를 추가합니다.

※ Ctrl 을 누른 상태에서 마우스 휠을 앞으로 또는 뒤로 굴리면 화면의 크기를 확대 또는 축소할 수 있습니다.

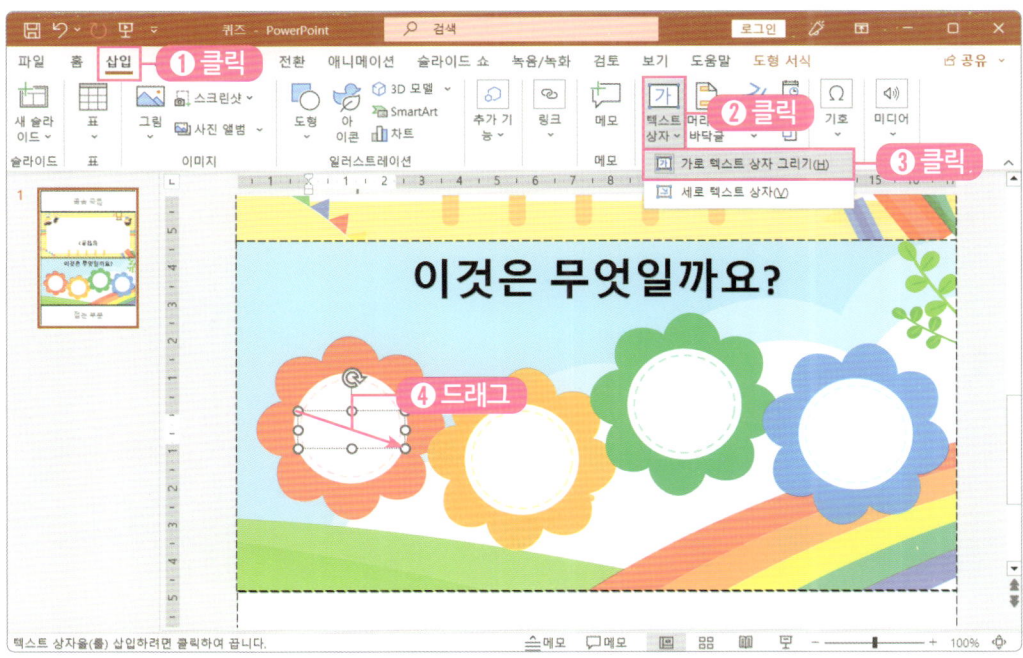

Chapter 14 퀴즈~! 나는 누구일까요? **089**

❸ 텍스트 상자에 '과일입니다.'를 입력한 후 [홈] 탭에서 글꼴(맑은 고딕(본문)), 글꼴 크기(18pt), 글꼴 스타일(굵게( 가 )), 정렬(가운데 맞춤( ≡ )) 등으로 수정합니다.

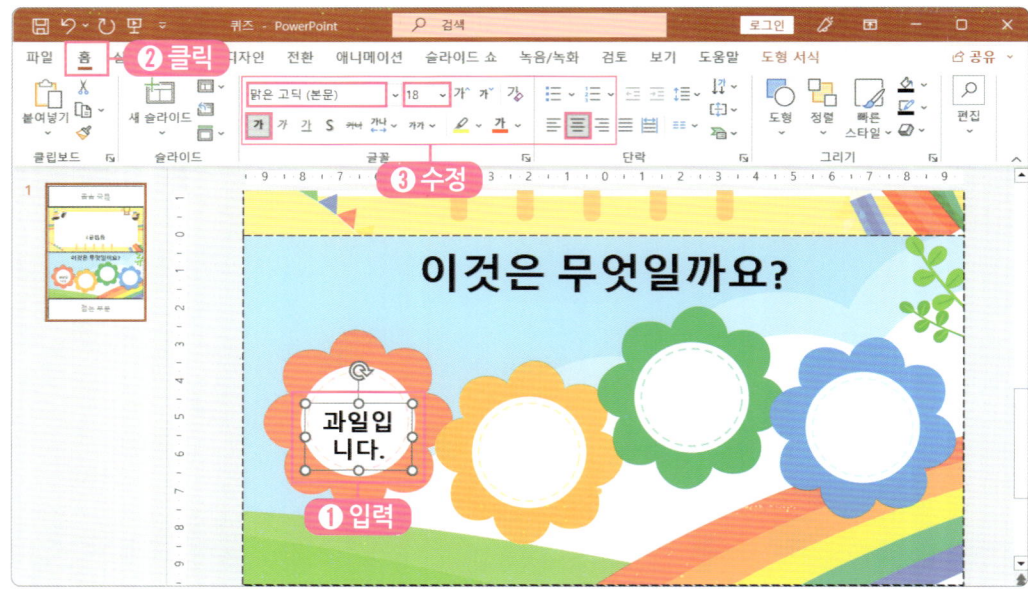

❹ 빨간 꽃 안에 '텍스트 상자'가 들어갈 수 있도록 '텍스트 상자'의 크기와 위치를 조절합니다.

❺ 키보드의 Ctrl 을 누른 상태에서 '텍스트 상자'를 드래그하여 복사하고, 그림과 같이 내용을 수정합니다.

 ## 정답은? 바로~ 바나나!

① [삽입] 탭에서 [텍스트 상자]-[가로 텍스트 상자 그리기]를 클릭 후 슬라이드 안에 드래그하여 그림과 같이 '바나나'라고 입력합니다. 이어서, [홈] 탭에서 글꼴 서식을 <조건>과 같이 수정합니다.

<조건>
- 글꼴 : 맑은 고딕(본문)
- 글꼴 크기 : 72pt
- 글꼴 스타일 : 굵게
- 글꼴 정렬 : 가운데 맞춤

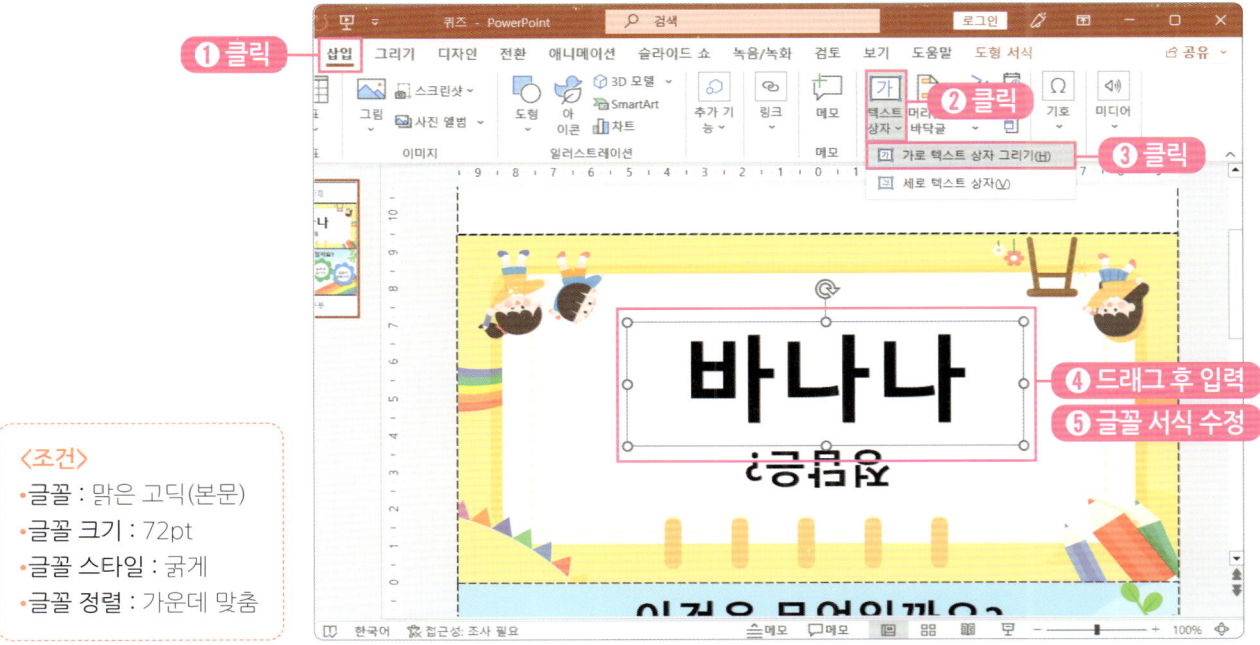

② 종이로 접었을 때 모습을 생각하면 '바나나' 텍스트 상자가 거꾸로 되어야 합니다. '바나나' 텍스트 상자를 클릭하고 [도형 서식] 탭의 [정렬]-[회전]-[상하 대칭]을 클릭합니다.

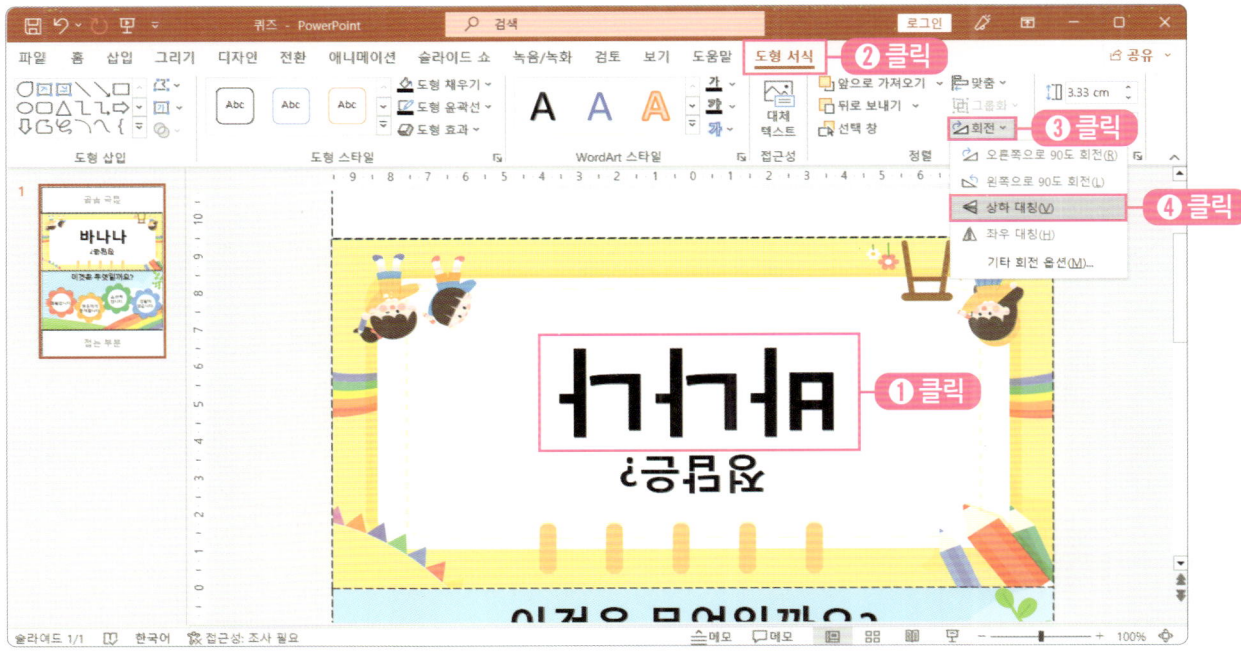

Chapter 14 퀴즈~! 나는 누구일까요? **091**

❸ '바나나' 텍스트 상자와 '정답은?' 텍스트 상자가 일정하게 배치되도록 '바나나' 텍스트 상자의 위치를 조절합니다.

❹ 텍스트 상자의 위치 변경이 완료되었다면 Esc 를 눌러 선택을 해제하고 완성된 퀴즈판을 확인해 봅니다.
※ 종이접기 방법은 영상을 확인하세요!

CHAPTER 14

### 스탠드 캐릭터 앞모습과 뒷모습 만들기!

📁 불러올 파일 : 스탠드캐릭터.pptx    📁 완성된 파일 : 스탠드캐릭터_완성.pptx

**미션 01**  [Chapter14]-[불러올 파일] 폴더에서 [스탠드캐릭터.pptx] 파일을 열어봅니다.

**미션 02**  [슬라이드 2]에서 마음에 드는 캐릭터의 앞모습과 뒷모습을 복사합니다.

**미션 03**  [슬라이드 1]에 붙여넣기하고 대칭 기능을 이용해 캐릭터를 배치해봅니다.

**미션 04**  프린터로 인쇄하여 스탠드 캐릭터를 완성합니다.

| 슬라이드 1 | 슬라이드 2 | 완성 |
|---|---|---|
|  |  |  |

스탠드 캐릭터 만들기 영상

# CHAPTER 15

## 나비야~ 나비야~ 이리 날아오너라~ ♪

**학습 목표**
- 파워포인트 표 기능을 이용하여 픽셀아트 색칠공부 도안을 만들어봅니다.
- 색칠공부 도안을 프린트하여 색연필로 색칠해봅니다.

📁 불러올 파일 : 나비.pptx   📁 완성된 파일 : 나비_완성.pptx

**오늘 배울 내용은?** 파워포인트 표 기능을 이용하여 픽셀아트 도안을 완성해보아요.

### 픽셀아트 색칠 도안 : 나비

| 번호 | 색상 |
|---|---|
| 1 | 검정, 텍스트 1 |
| 2 | 주황 |
| 3 | 노랑 |
| 4 | 빨강 |

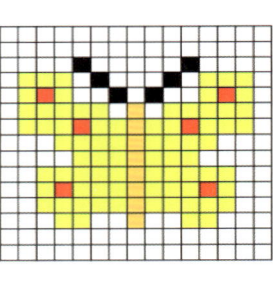

|   |   |   |   |   |   |   |   |   |   |   |   |
|---|---|---|---|---|---|---|---|---|---|---|---|
|   |   |   |   | 1 |   |   |   | 1 |   |   |   |
|   | 3 | 3 | 3 |   | 1 |   | 1 |   | 3 | 3 | 3 |
|   | 3 | 4 | 3 |   |   | 1 | 1 |   |   | 3 | 4 | 3 |
|   | 3 | 3 | 3 | 3 | 3 |   | 2 |   | 3 | 3 | 3 | 3 | 3 |
|   | 3 | 3 | 3 | 4 | 3 | 3 | 2 | 3 | 3 | 4 | 3 | 3 | 3 |
|   |   | 3 | 3 | 3 | 3 | 2 | 3 | 3 | 3 | 3 |   |
|   |   |   | 3 | 3 | 3 | 2 | 3 | 3 | 3 |   |   |
|   | 3 | 3 | 3 | 3 | 3 | 2 | 3 | 3 | 3 | 3 | 3 |
|   | 3 | 4 | 3 | 3 | 3 | 2 | 3 | 3 | 3 | 4 | 3 |
|   | 3 | 3 | 3 | 3 | 3 | 2 | 3 | 3 | 3 | 3 | 3 |
|   |   | 3 | 3 |   |   | 2 |   |   | 3 | 3 |   |

 **나비 모양의 픽셀아트 도안을 만들어 보아요.**

① 파워포인트를 실행한 후 [나비.pptx] 파일을 열고 슬라이드의 구성을 확인해봅니다.

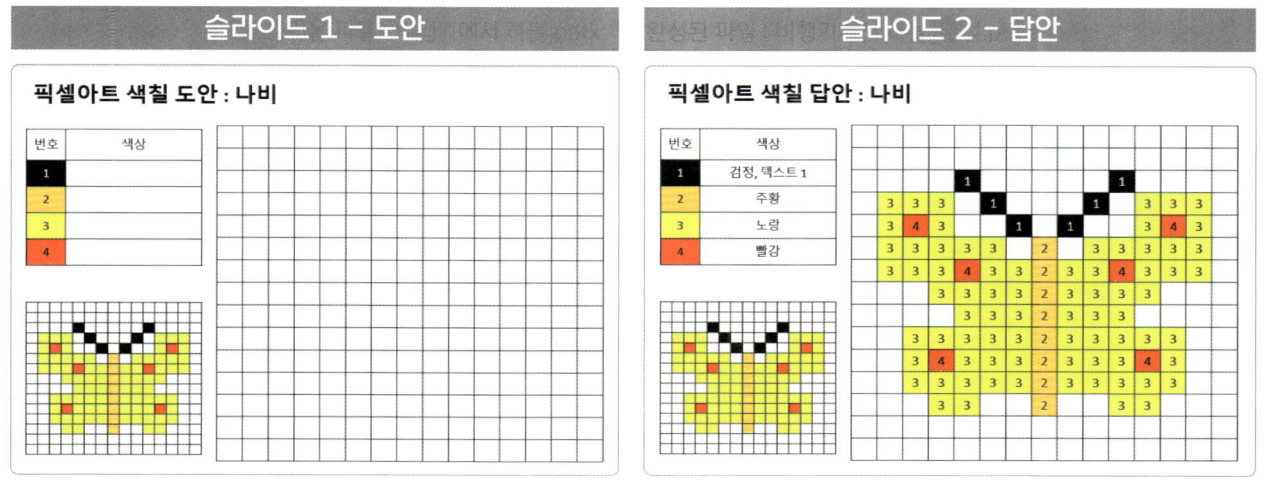

② '색상 표'에 1번은 [검정, 텍스트1], 2번은 [주황], 3번은 [노랑], 4번은 [빨강]으로 색상의 이름을 입력합니다.

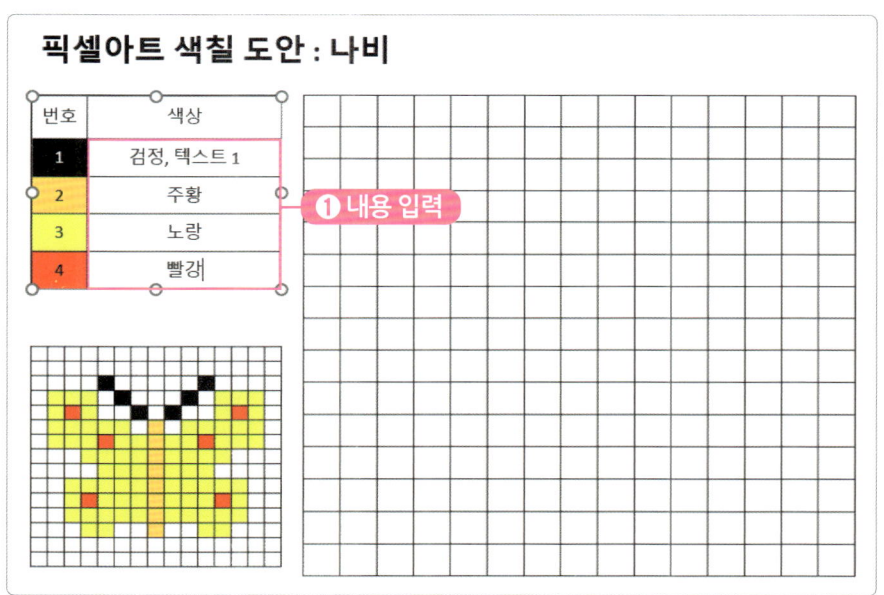

Chapter 15 나비야~ 나비야~ 이리 날아오너라~♪ • **095**

❸ 왼쪽 아래의 완성 그림을 보고 픽셀아트 색칠 도안에 번호를 입력해봅니다. 나비의 더듬이 부분은 1번을 입력합니다.

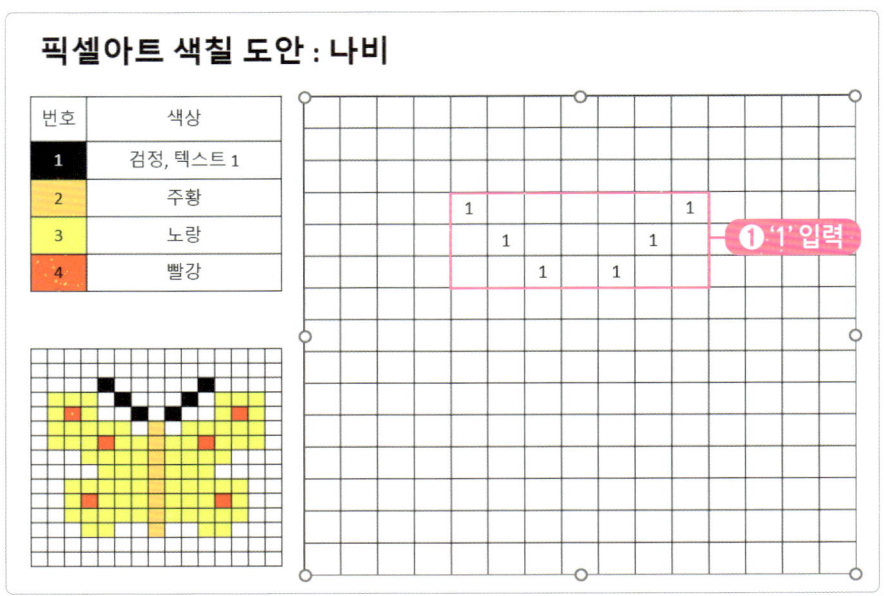

❹ 이어서 몸통 부분은 2번, 날개 부분은 3번, 날개 무늬 부분은 4번을 입력합니다.

❺ 픽셀아트 나비 도안이 완성되었어요. 프린트로 인쇄하고 색연필을 사용해서 나비를 색칠해봅니다.

## 픽셀아트 색칠 답안 : 나비

| 번호 | 색상 |
|---|---|
| 1 | 검정, 텍스트 1 |
| 2 | 주황 |
| 3 | 노랑 |
| 4 | 빨강 |

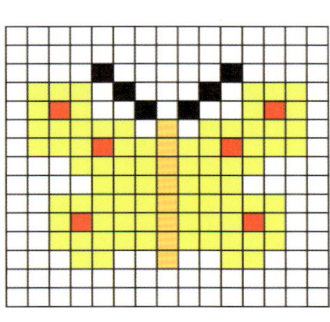

Chapter 15 나비야~ 나비야~ 이리 날아오너라~♪

**시냇물은 졸졸졸졸~ 물고기는 왔다 갔다~♪**

📁 불러올 파일 : 물고기.pptx   📁 완성된 파일 : 물고기_완성.pptx

**미션 01**  [Chapter15]-[불러올 파일] 폴더에서 [물고기.pptx] 파일을 열어봅니다.

**미션 02**  색상표에 색상 이름을 입력하고 도안 표에 번호를 입력합니다.

**미션 03**  [파일]-[인쇄]를 클릭하고 [인쇄] 버튼을 클릭합니다.

**미션 04**  인쇄된 색칠 도안을 번호에 맞춰서 색연필로 색칠합니다.

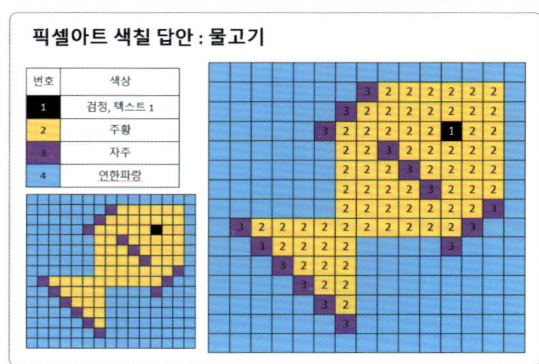

• memo •

# CHAPTER 16
# 으으으~ 무시무시한 호박 귀신이다!

**학습 목표**
- 파워포인트 도형 결합 기능을 이용하여 호박 가면을 만들어봅니다.
- 가면을 프린트하여 호박가면을 완성합니다.

■ 불러올 파일 : 호박가면.pptx   ■ 완성된 파일 : 호박가면_완성.pptx

**오늘 배울 내용은?**  파워포인트 도형 결합 기능을 이용하여 호박가면을 만들어 보아요.

호박 가면 만들기 영상

 **오늘은 할로윈 데이에요. 호박가면을 만들어보아요.**

① 파워포인트를 실행한 후 [호박가면.pptx] 파일을 열고 슬라이드의 구성을 확인해봅니다.

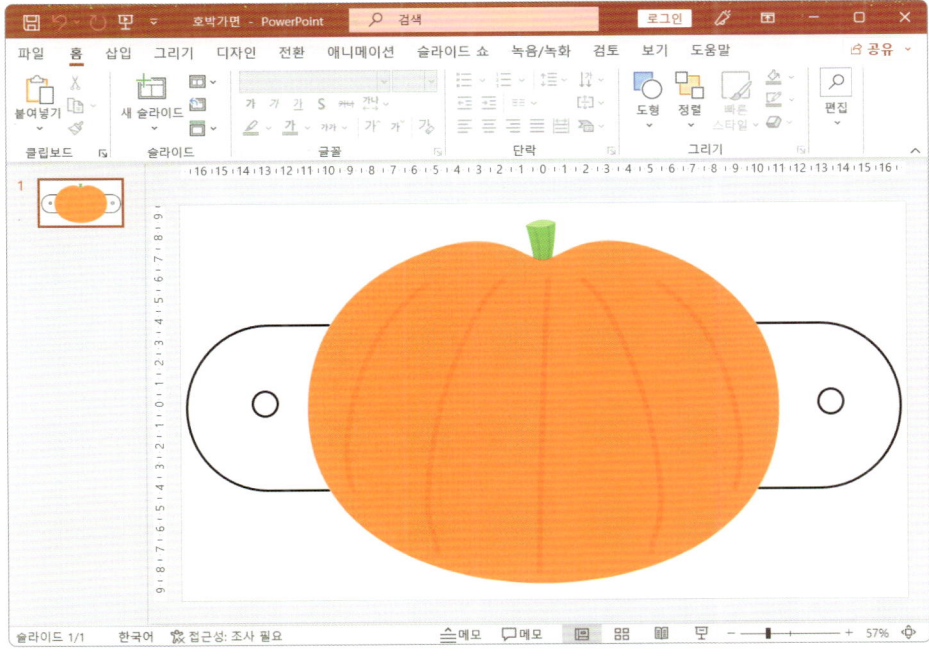

② [삽입] 탭에 있는 [도형]-[기본도형]에서 [타원(○)]을 찾아 클릭하고 마우스로 드래그하여 '호박 눈'을 만듭니다.

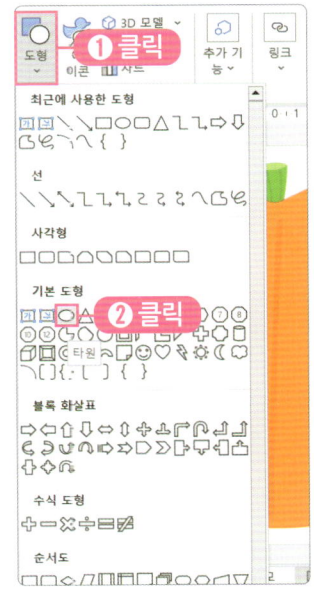

Chapter 16 으으으~무시무시한 호박 귀신이다! • **101**

❸ 회전 핸들을(🔄)을 드래그하여 '타원(⬭)'을 회전하고 위치를 수정합니다.

❹ '타원(⬭)'을 Ctrl 을 누르고 드래그하여 하나 더 복사합니다.

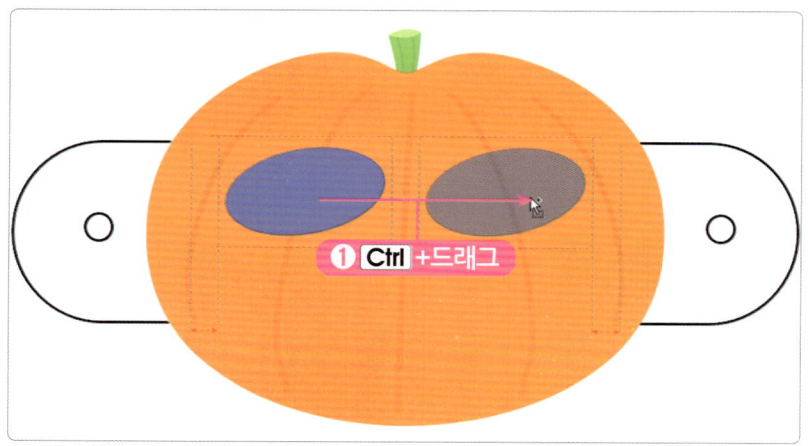

❺ 복사한 '타원(⬭)'을 클릭하고 [도형 서식] 탭에서 [정렬]-[회전]-[좌우 대칭]을 클릭합니다.

102 • 도형과 종이접기로 시작하는 **똑똑한 컴퓨터 놀이**

❻ 이번에는 무시무시한 이빨을 만들기 위해 [삽입] 탭에서 [도형]-[십자형(✚)]을 찾아 클릭하고 마우스를 드래그하여 도형을 만듭니다.

※ 드래그할 때 **Shift** 를 누르면 가로/세로 비율이 똑같은 도형을 그릴 수 있습니다.

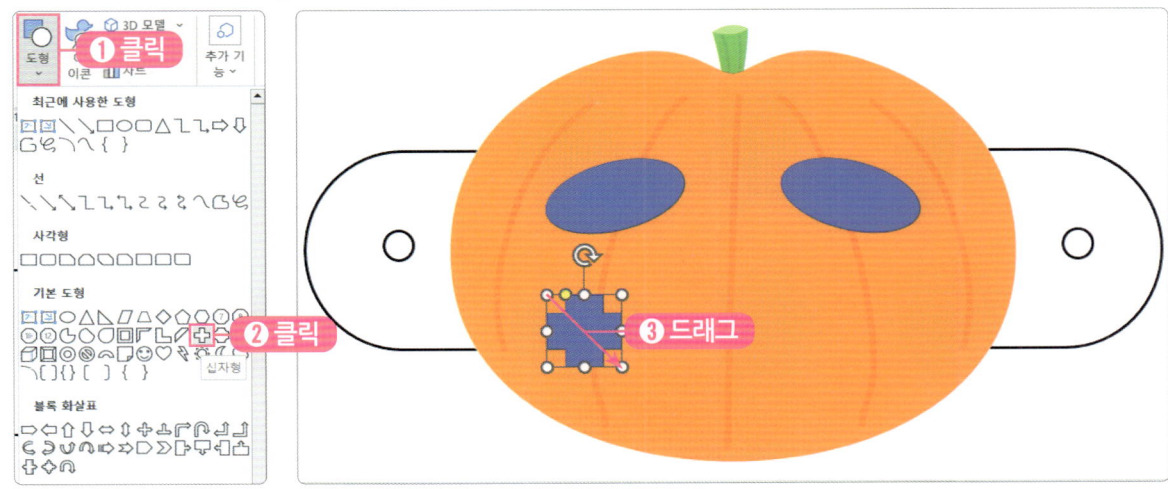

❼ '십자형(✚)' 도형을 **Ctrl** + **Shift** 를 누른 상태에서 오른쪽으로 드래그하여 복사한 후 **F4** 를 3번 눌러 입 모양을 만듭니다.

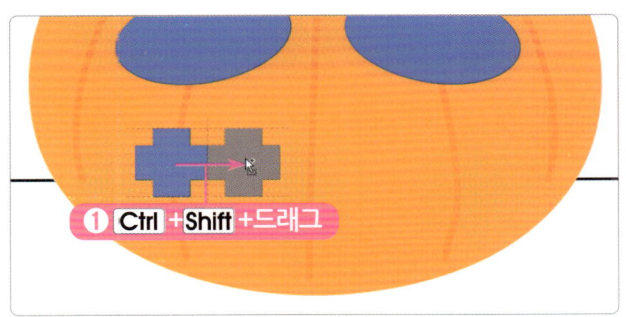 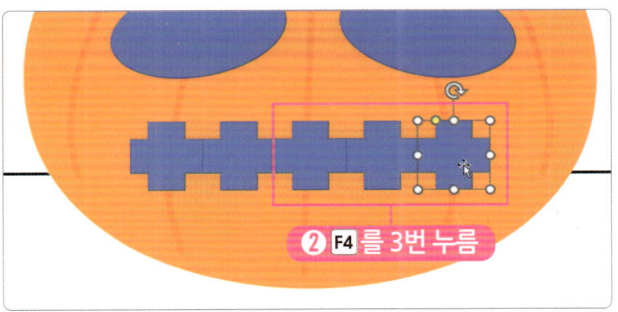

### STOP! 여기서 잠깐!

**질문** 입 모양이 가운데 위치하지 않는데 이럴 때 어떻게 해결할까요?

**해결** 도형 5개를 복사했는데 입 모양이 너무 작거나 가운데 위치하지 않는다면 도형을 키보드의 **Shift** 를 누른 상태에서 순서대로 클릭하여 이동할 도형을 모두 선택하고 방향키를 눌러 원하는 위치로 이동할 수 있어요.
만약, 도형이 너무 작은 경우라면 도형의 크기를 크게 수정한 후 다시 복사 과정을 실행하면 따라하기의 모양과 같이 만들 수 있겠죠?

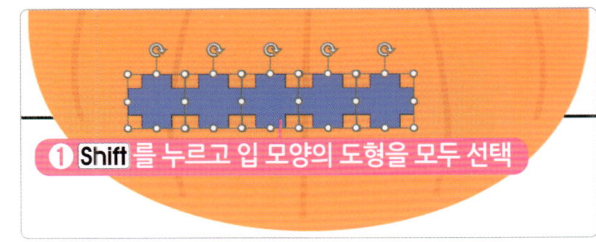 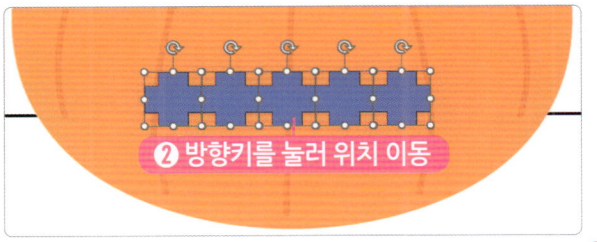

❾ 양쪽 끈을 연결할 도형 모양을 제외하고 호박 얼굴 부분만 포함되도록 마우스를 드래그하여 호박 얼굴을 모두 선택한 후 [도형 서식] 탭에서 [도형 병합]-[빼기]를 클릭합니다.

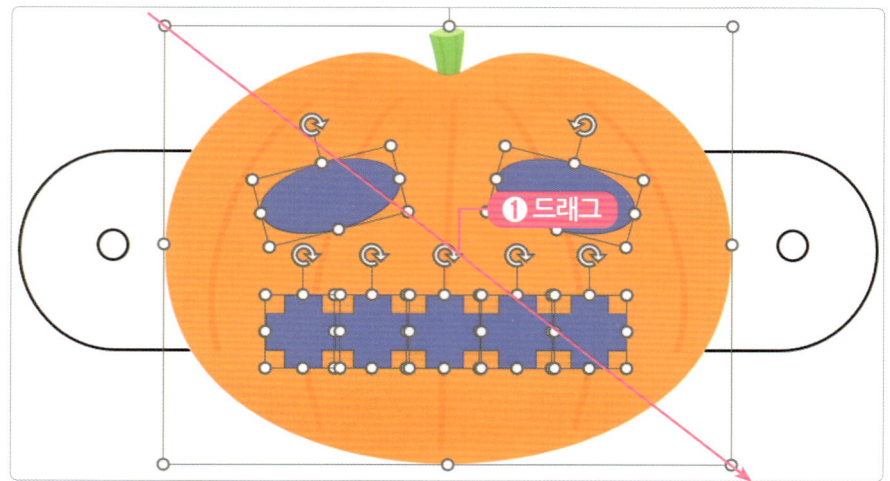

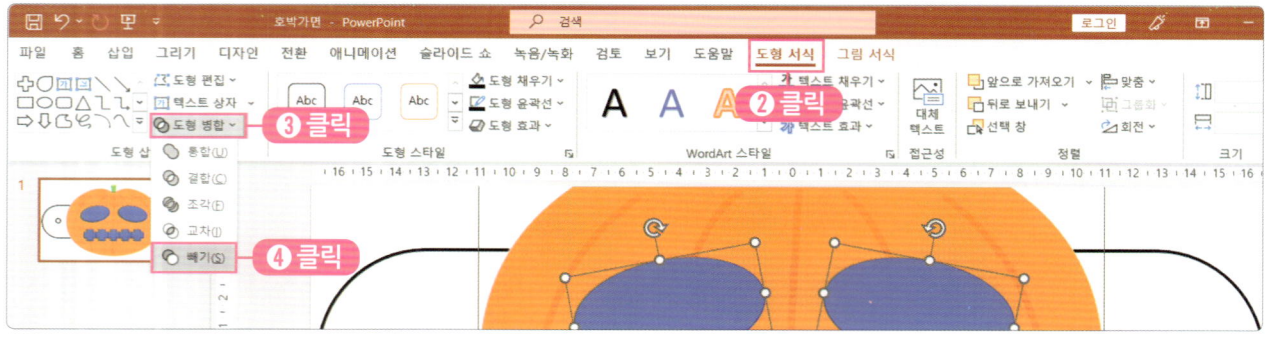

❿ 호박 가면 완성~! Esc 를 눌러서 완성된 호박 가면을 확인합니다.
  ※ 단단한 종이에 붙인 후 오려주면 더 튼튼한 가면을 만들 수 있어요.

CHAPTER 16

우헤헤~ 해피 할로윈데이~!

■ 불러올 파일 : 유령가면.pptx   ■ 완성된 파일 : 유령가면_완성.pptx

**미션 01** [Chapter16]-[불러올 파일] 폴더에서 [유령가면.pptx] 파일을 열어봅니다.

**미션 02** '직각 삼각형(△)' 도형을 삽입하여 눈을 만들어줍니다.

**미션 03** '막힌 원호(⌒)' 도형을 삽입하여 입을 만들어줍니다.

**미션 04** [도형 병합]-[빼기]를 이용하여 가면을 완성합니다.

**미션 05** 프린트로 인쇄하여 단단한 종이에 붙인 후 가면을 오려서 줄을 연결하면 완성!

유령 가면 만들기 영상

Chapter 16 으으으~무시무시한 호박 귀신이다! • 105

# CHAPTER 17
## 가위, 바위, 보~! 친구들과 게임 한 판!

**학습 목표**
- 파워포인트 글상자를 이용하여 보드게임 규칙을 완성합니다.
- 보드게임판과 동물캐릭터를 프린트하여 게임을 해봅니다.

■ 불러올 파일 : 보드게임.pptx   ■ 완성된 파일 : 보드게임_완성.pptx

**오늘 배울 내용은?**  파워포인트 글상자를 이용하여 보드게임을 완성합니다.

### 슬라이드 1

**동물 친구들과 함께하는 보드게임 규칙**

- 바위로 이기면 1칸 앞으로 이동합니다.
- 가위로 이기면 2칸 앞으로 이동합니다.
- 보로 이기면 3칸 앞으로 이동합니다.

- 칭찬 3가지 하기
- 노래 한 소절 부르기
- 뒤로 한 칸
- 뒤로 두 칸

보드 게임 만들기 영상

### 슬라이드 2

### 슬라이드 3

인쇄한 후 오려서 사용합니다.

106 • 도형과 종이접기로 시작하는 **똑똑한 컴퓨터 놀이**

 **친구들과 게임 전에 규칙을 정해보아요.**

① 파워포인트를 실행한 후 [보드게임.pptx] 파일을 열고 슬라이드의 구성을 확인해봅니다.

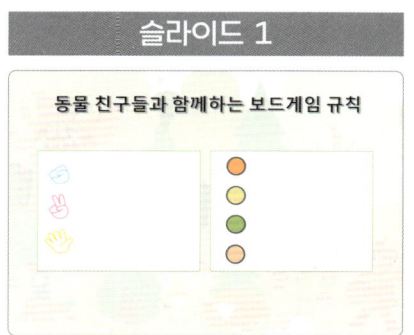

② [슬라이드 1]에서 [삽입] 탭의 [텍스트 상자]-[가로 텍스트 상자 그리기]를 클릭 후 주먹 그림 옆에 드래그하여 텍스트 상자를 삽입한 다음 내용(바위로 이기면 1칸 앞으로 이동합니다.)을 입력합니다.

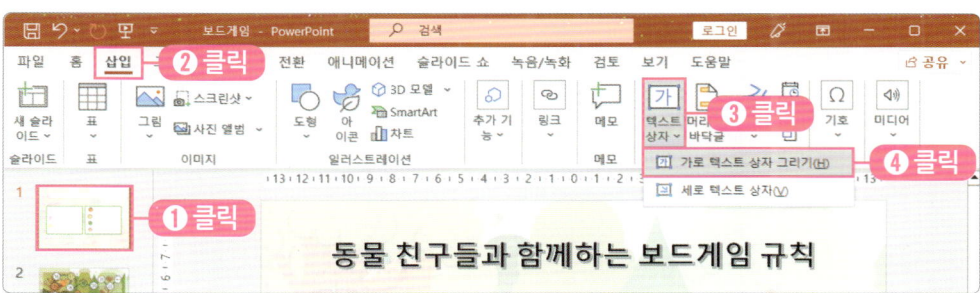

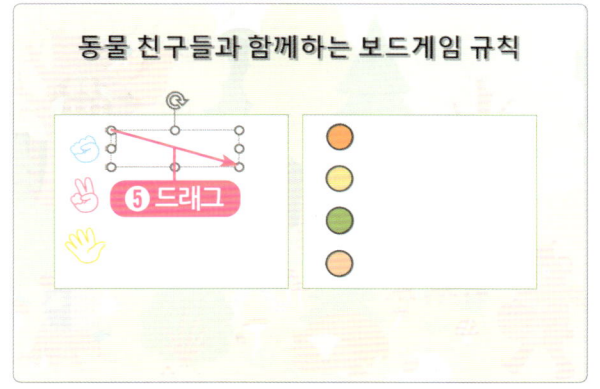
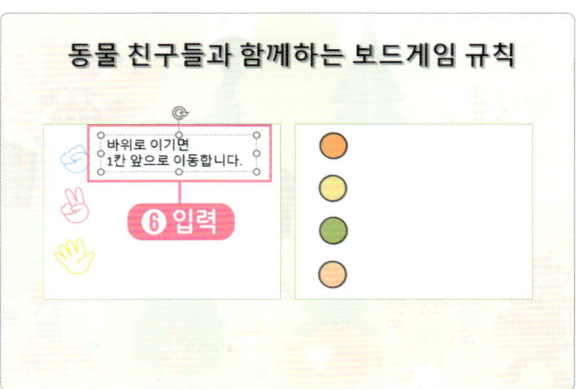

③ '텍스트 상자' 안의 글자를 드래그한 후 [홈] 탭에서 글꼴(맑은고딕(본문)), 글꼴 크기(20pt), 정렬(가운데 맞춤(≡)) 등을 수정합니다.

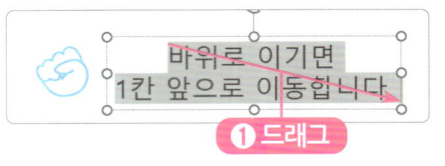
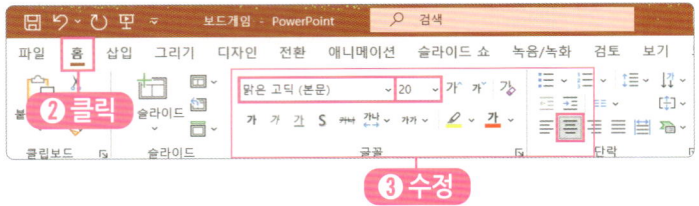

④ '텍스트 상자'를 Ctrl + Shift 를 누르면서 마우스를 아래쪽으로 드래그하여 반듯하게 복사합니다.

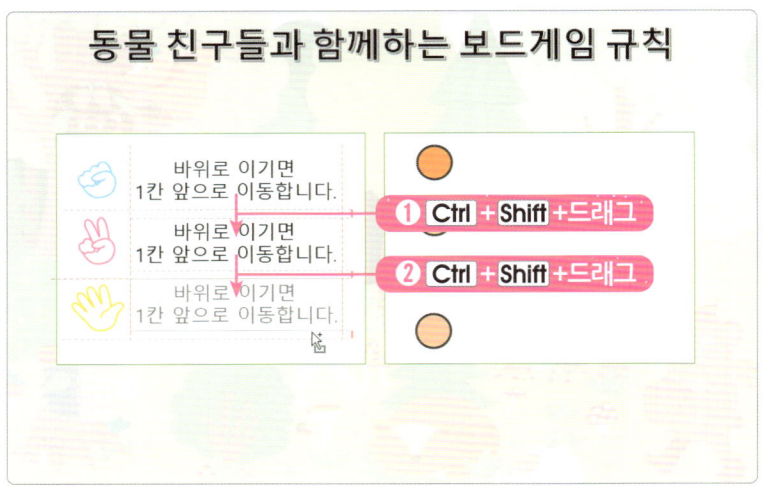

⑤ 두 번째 텍스트 상자(가위로 이기면 2칸 앞으로 이동합니다.)와 세 번째 텍스트 상자(보로 이기면 3칸 앞으로 이동합니다.)의 내용으로 수정합니다.

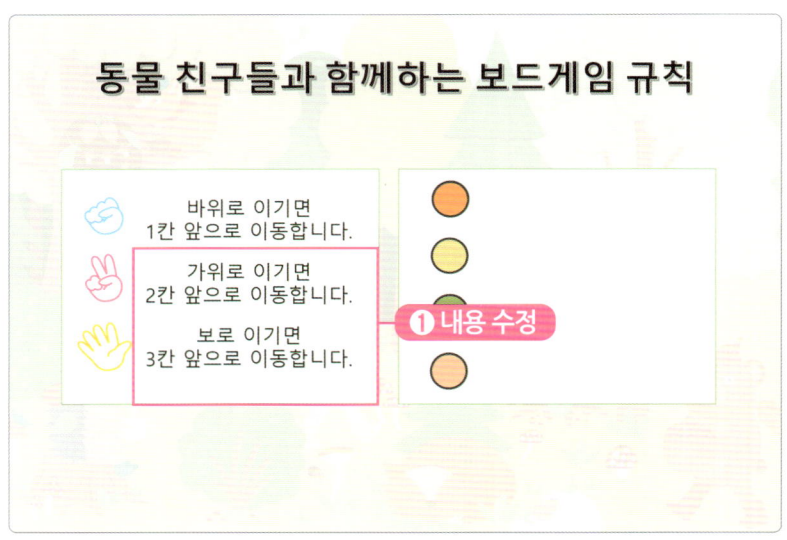

❻ 같은 방법으로 오른쪽 동그라미 규칙에도 텍스트 상자를 추가하고 내용(칭찬 3가지 하기)을 입력한 후 [홈] 탭에서 글꼴(맑은고딕(본문)), 글꼴 크기(20pt), 정렬(왼쪽 맞춤(≡)) 등을 수정합니다.

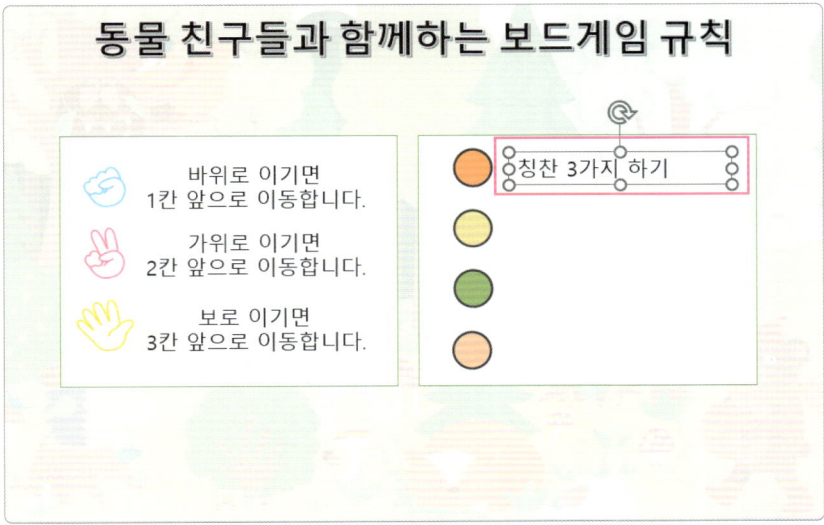

❼ 삽입한 '텍스트 상자'를 Ctrl + Shift 를 누른 상태에서 드래그하여 동그라미 규칙을 반듯하게 복사합니다.

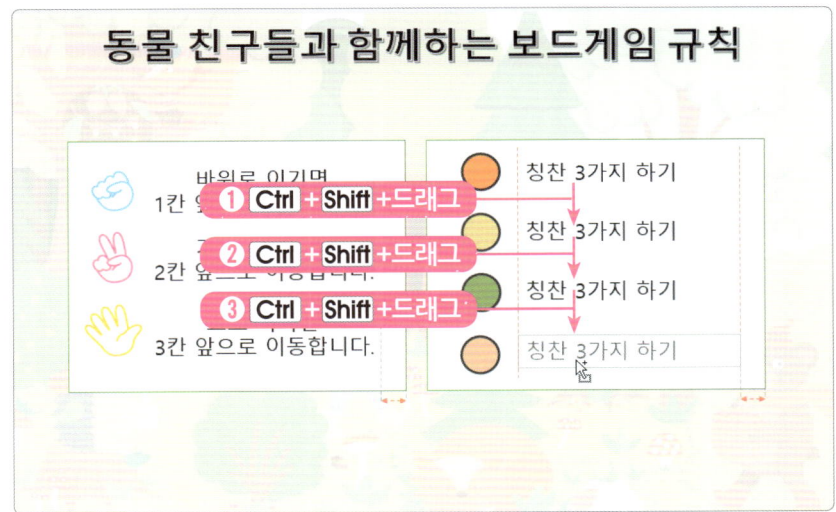

❽ 텍스트 상자의 내용을 결과 화면과 같이 '노래 한 소절 부르기', '뒤로 한 칸', '뒤로 두 칸'으로 수정합니다.

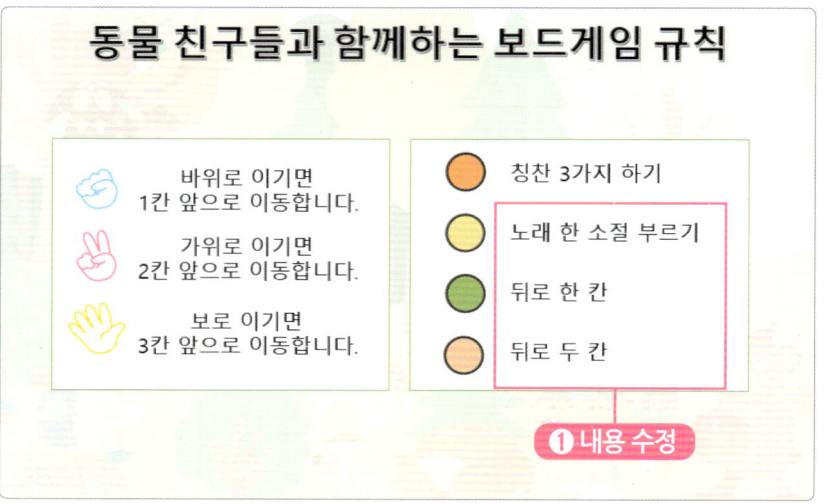

❾ 보드게임 규칙이 완성되었습니다. 이제 친구들과 보드게임을 시작해볼까요?
   ※ [슬라이드 3]은 인쇄 후 오려서 게임 말로 사용합니다.

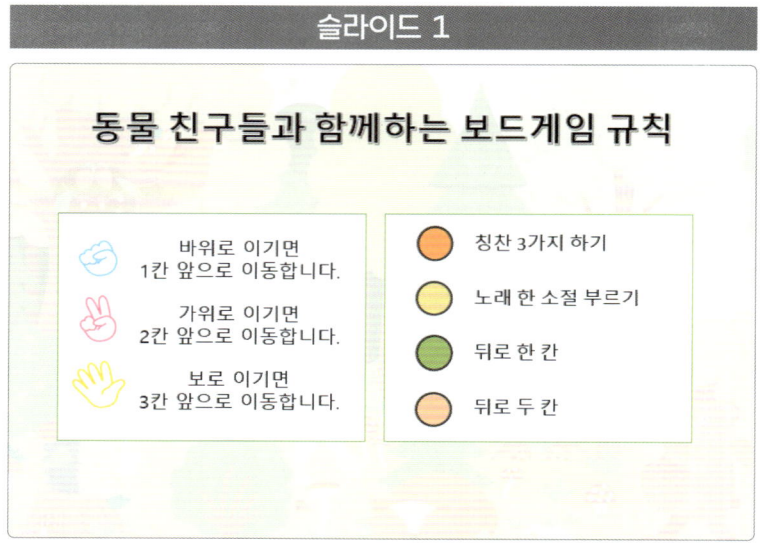

CHAPTER 17

누가누가 술래 할까? 술래 정하는 사다리 게임!

■ 불러올 파일 : 사다리게임.pptx   ■ 완성된 파일 : 사다리게임_완성.pptx

**미션 01**  [Chapter17]-[불러올 파일] 폴더에서 [사다리게임.pptx] 파일을 열어봅니다.

**미션 02**  '직사각형(□)' 도형을 삽입하여 '사다리'를 만들어줍니다.

**미션 03**  '폭발:8pt(✸)' 도형을 삽입하고 '술래 당첨'을 입력합니다.

**미션 04**  사다리 게임 판을 인쇄하여 펜으로 사다리를 연결한 후 사다리 게임을 시작합니다.

| 슬라이드 1 | 완성 | 게임 예시 |
|---|---|---|
|  |  |  |

사다리 게임 만들기 영상

Chapter 17 가위, 바위, 보~! 친구들과 게임 한 판!  **111**

# CHAPTER 18 종합 활동 문제

**01** 도형을 삽입할 때 키보드의 Shift를 누르고 드래그하면 비율이 같은 도형을 만들 수 있어요. 가로, 세로 비율이 같은 도형을 찾아 동그라미 해 보세요.

**02** 파워포인트 O,X 퀴즈를 풀어 보아요.

① 슬라이드에 사진을 넣는 방법은 여러 가지가 있다. ( O , X )

② [삽입] 탭에서 [그림 삽입]을 이용하면 사진을 슬라이드에 넣을 수 있다. ( O , X )

③ 폴더에 있는 그림을 파워포인트 슬라이드로 드래그하면 복사가 된다. ( O , X )

④ Ctrl + A 는 복사할 때 사용하는 단축키이다. ( O , X )

⑤ 슬라이드의 그림은 자르기 기능을 쓸 수 없다. ( O , X )

**03** 원본 그림을 어떤 대칭 기능을 사용한 것인지 선을 연결해 보아요.

- 원본
- 상하 대칭 + 좌우 대칭 
- 좌우 대칭 
- 상하 대칭

**혼자서 만들어볼게요!**

**04** [Chapter18]-[불러올 파일] 폴더에서 [꽃액자.pptx] 파일을 열고 완성해보아요.

① [Chapter18]-[불러올 파일] 폴더에서 [꽃액자.pptx] 파일을 열어봅니다.

② [Chapter18]-[불러올 파일] 폴더에서 '아기사진.jpg' 그림을 삽입합니다.

③ 모서리에 그라데이션 사각형을 복사합니다.

④ 대칭 기능을 이용하여 완성 그림처럼 배치해 줍니다.

⑤ 인쇄 후 종이접기하여 액자를 완성해봅니다.

※ '아기사진.jpg' 대신 나의 어린 시절 사진을 사용하면 더 예뻐요!
※ 만들기 방법은 영상을 확인하세요!

**혼자서 만들어볼게요!**

**05** [Chapter18]-[불러올 파일] 폴더에서 [꽃액자.pptx] 파일을 열고 완성해보아요.

① [Chapter18]-[불러올 파일] 폴더에서 [사진일기장.pptx] 파일을 열어봅니다.

② [Chapter18]-[불러올 파일] 폴더에서 '겨울어린이.jpg' 그림을 삽입합니다.

③ 날짜와 제목을 입력합니다.

④ 날씨는 [도형]-[기본 도형]-[원형:비어있음] 도형으로 표시합니다.

⑤ 칸에 맞추어 일기 내용을 작성합니다.

※ 일기장을 여러 장 만들려면 슬라이드를 복사하면 돼요!
※ 그림과 일기 내용은 인쇄 후 작성할 수도 있어요!

# CHAPTER 19
# 덧셈, 뺄셈, 사칙연산 놀이

**학습 목표**
- 파워포인트 도형을 이용하여 주사위 전개도를 만들어 봅니다.
- 주사위를 만들어서 사칙연산 놀이를 해봅니다.

📁 불러올 파일 : 사각주사위.pptx　📁 완성된 파일 : 사각주사위_완성.pptx

**오늘 배울 내용은?**　파워포인트 도형을 이용하여 주사위를 완성합니다.

### 슬라이드 1

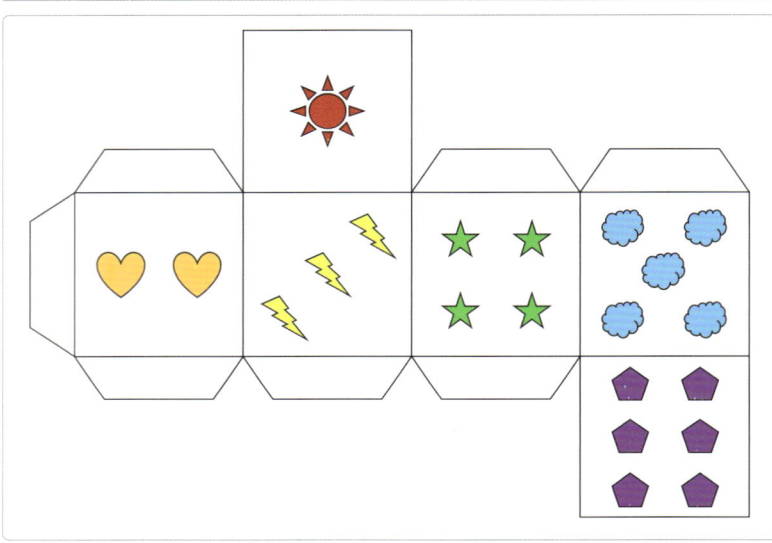

사각 주사위 만들기 영상

### 슬라이드 2

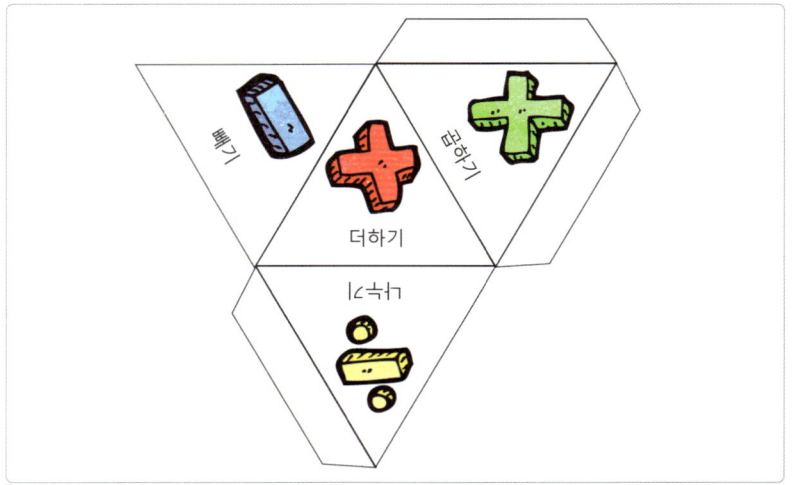

삼각 주사위 만들기 영상

#  숫자 주사위를 완성해 보아요.

❶ 파워포인트를 실행한 후 [사각주사위.pptx] 파일을 열고 슬라이드의 구성을 확인해봅니다.

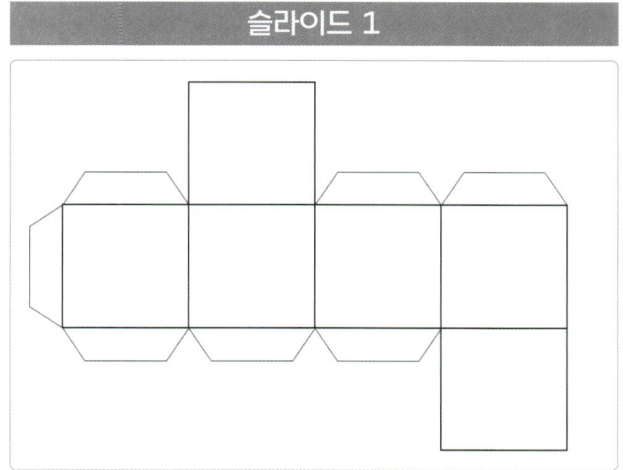
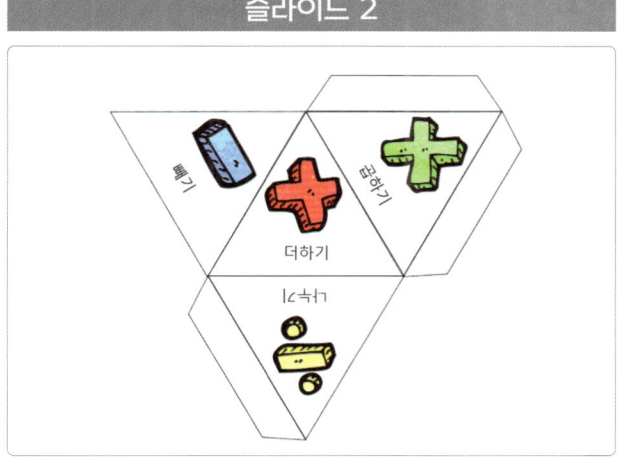

❷ 주사위는 1부터 6까지 숫자가 적혀있는 정육면체입니다. [삽입] 탭에 있는 [도형]-[기본 도형]에서 '해(☼)' 도형을 찾아 클릭하고 마우스를 드래그하여 그림과 같이 배치합니다.

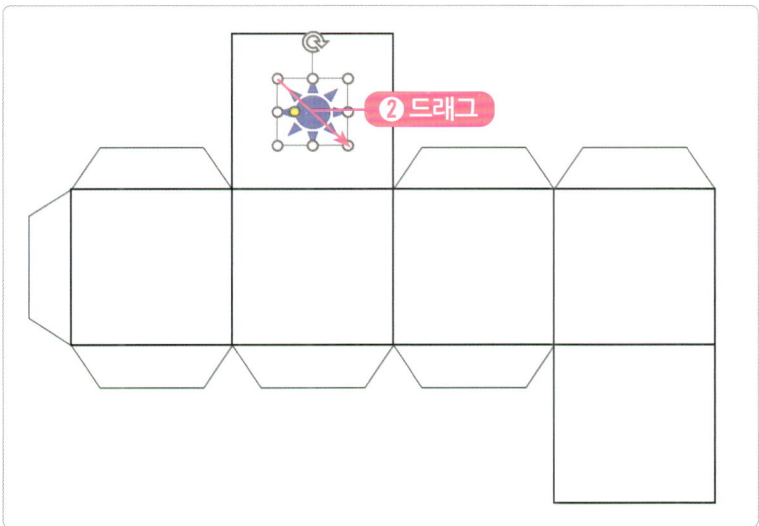

Chapter 19 덧셈, 뺄셈, 사칙연산 놀이 • **117**

❸ [삽입] 탭에 있는 [도형]-[기본 도형]에서 '하트(♡)' 도형을 찾아 클릭하고 마우스로 드래그하여 그림과 같이 배치합니다.

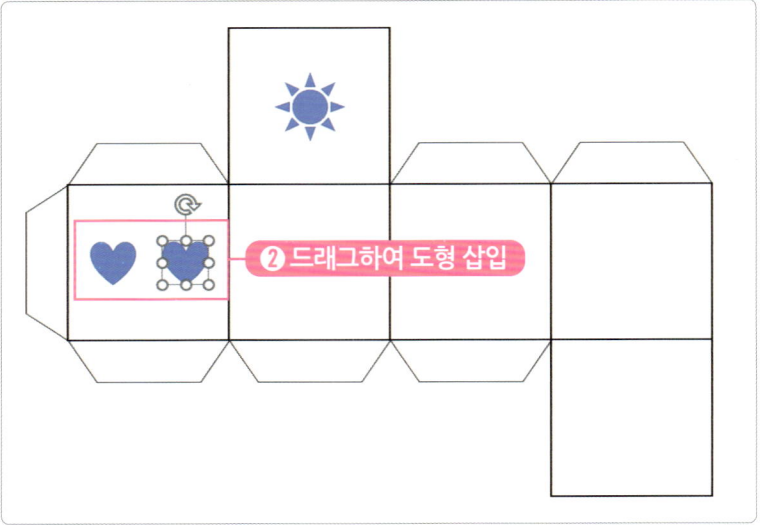

❹ 같은 방법으로 '번개(⚡)' 도형은 3개, '별(☆)' 도형은 4개, '구름(☁)' 도형은 5개, '오각형(⬠)' 도형은 6개를 각각 삽입하여 그림과 같이 배치합니다.

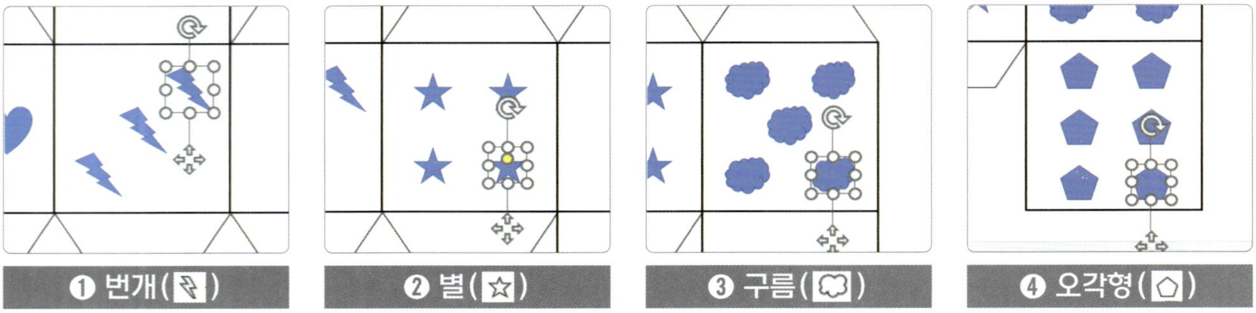

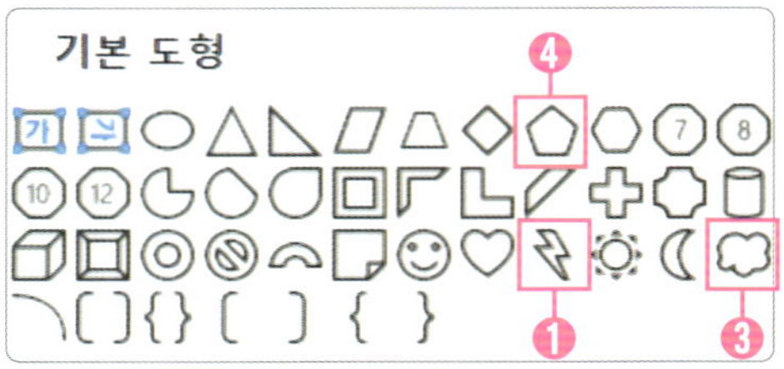

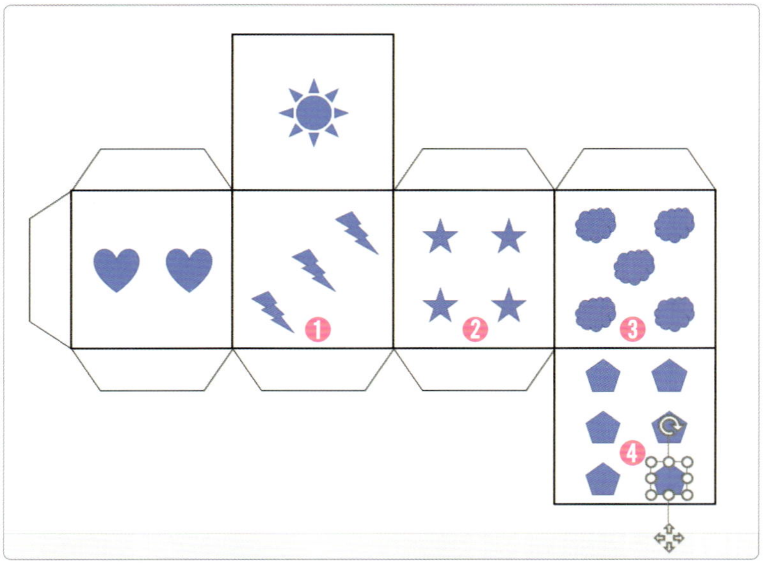

**알록달록 주사위에 색깔을 입혀보아요.**

❶ '해(☀)' 도형을 클릭하고 [도형 서식] 탭의 [도형 채우기]에서 [표준 색]-[진한 빨강]을 클릭합니다.

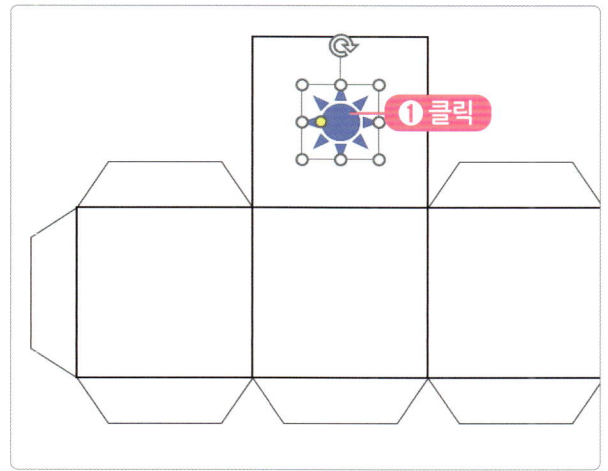
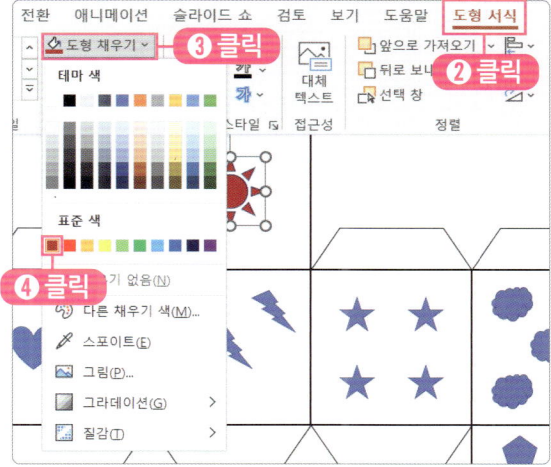

❷ 같은 방법으로 '하트(♡)' 도형은 [주황], '번개(⚡)' 도형은 [노랑], '별(☆)' 도형은 [녹색], '구름(☁)' 도형은 [연한 파랑], '오각형(⬠)' 도형은 [자주]로 [도형 채우기] 색을 바꿔줍니다.

❸ 모든 도형이 포함되도록 슬라이드의 빈 곳에서부터 오른쪽 아래 방향으로 드래그합니다. 모든 도형이 선택되면 [도형 서식] 탭에서 [도형 윤곽선]-[검정, 텍스트1]을 클릭하여 윤곽선 색을 수정합니다.

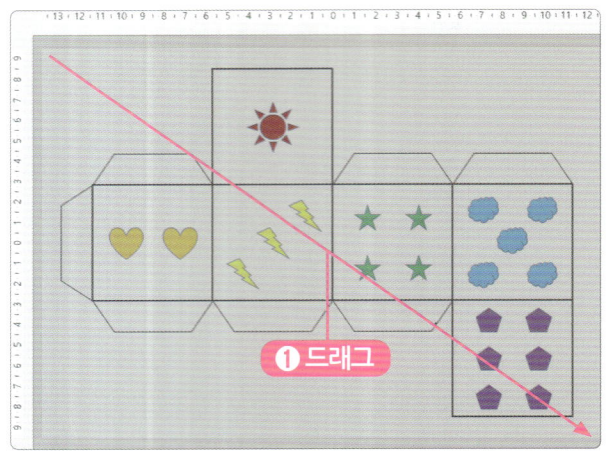 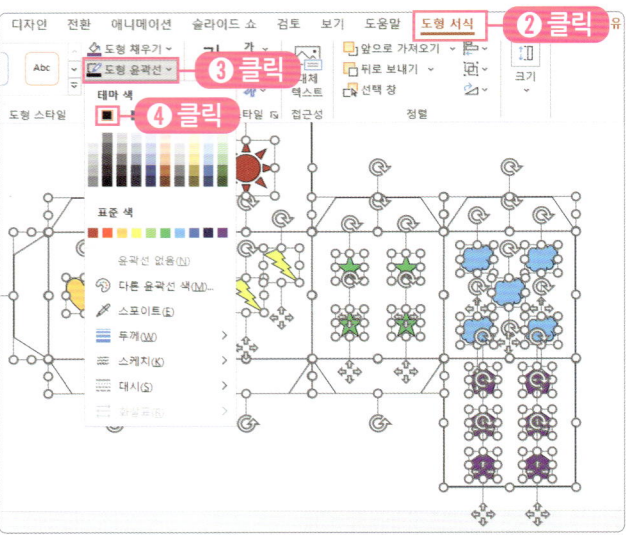

❹ 정육면체의 주사위가 완성되었어요~ [슬라이드 1]과 [슬라이드 2], 두 개의 주사위 도면을 인쇄하여 주사위를 완성해 봅니다.
※ 주사위 만들기 방법은 영상을 확인하세요!

슬라이드 1

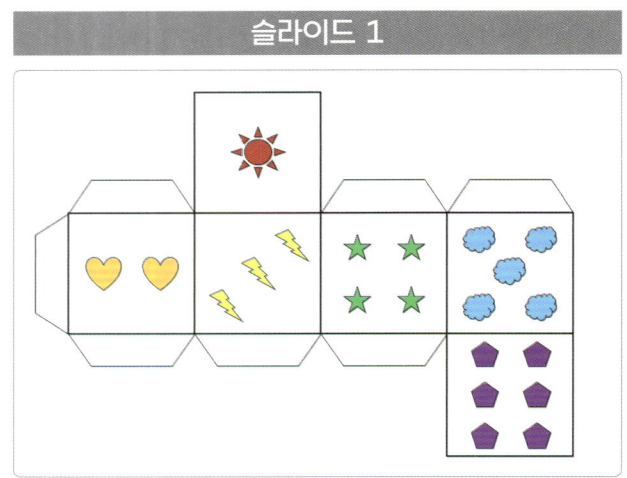

슬라이드 2

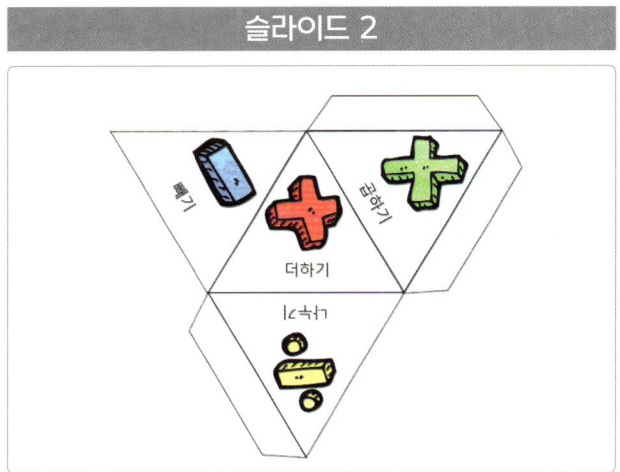

CHAPTER 19

### 삼각 주사위로 가위, 바위, 보!

📁 불러올 파일 : 삼각주사위.pptx   📁 완성된 파일 : 삼각주사위_완성.pptx

**미션 01** [Chapter19]-[불러올 파일] 폴더에서 [삼각주사위.pptx] 파일을 열어봅니다.

**미션 02** [슬라이드 2]에 있는 도형을 복사하여 [슬라이드 1]에 붙여넣기 합니다.

**미션 03** 완성된 그림을 참고하여 삼각 주사위 전개도를 완성합니다.

**미션 04** 인쇄된 삼각 주사위 전개도를 접어 게임을 시작해봅니다.

슬라이드 1

슬라이드 2

완성

삼각 주사위 만들기 영상

Chapter 19 덧셈, 뺄셈, 사칙연산 놀이 • 121

# CHAPTER 20
## 멍멍! 강아지 종이접기 색종이를 만들어 보아요

**학습 목표**
- 파워포인트 도형을 이용하여 강아지 종이접기 도안을 만들어봅니다.
- 색종이를 인쇄하고 강아지를 접어봅니다.

■ 불러올 파일 : 강아지접기.pptx   ■ 완성된 파일 : 강아지접기_완성.pptx

**오늘 배울 내용은?**  파워포인트 도형을 활용해서 강아지 색종이를 만들어 보아요.

강아지 종이접기 영상

 **강아지 귀와 강아지 얼룩을 만들어 보아요.**

① 파워포인트를 실행한 후 [강아지접기.pptx] 파일을 열고 슬라이드의 구성을 확인해봅니다.

| 슬라이드 1 | 슬라이드 2 |
|---|---|
|  |  |

② [슬라이드 2]에서 '삼각형' 도형을 클릭하고 Ctrl + C 를 눌러 복사합니다. 이어서, [슬라이드 1]을 클릭하고, Ctrl + V 를 눌러 붙여넣기 합니다. '분홍색 사각형'에 맞춰서 그림과 같이 배치합니다.

| 슬라이드 2 | 슬라이드 1 |
|---|---|
|  | 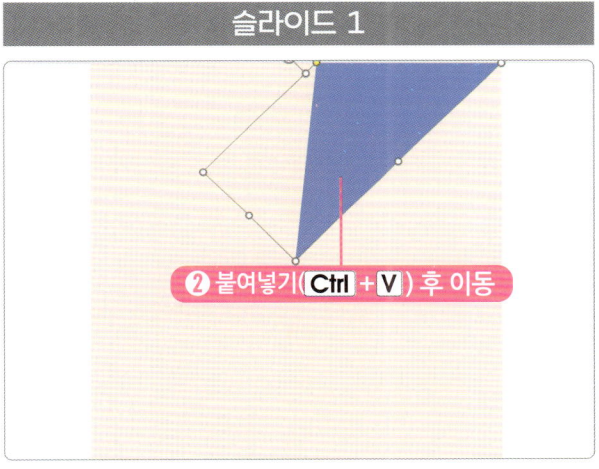 |

**Chapter 20** 멍멍! 강아지 종이접기 색종이를 만들어 보아요 • **123**

❸ [슬라이드 2]에 있는 다른 색의 '삼각형' 도형도 복사(Ctrl+C)한 후 [슬라이드 1]에 붙여넣기(Ctrl+V) 합니다. 같은 방법으로 나머지 '삼각형' 도형도 그림과 같이 배치합니다.

❹ 키보드의 Shift를 누르면서 모든 '삼각형 도형'을 순서대로 클릭한 후 [도형 서식] 탭의 [도형 채우기]-[테마색]-[주황, 강조 2, 50% 더 어둡게]를 클릭합니다.

❺ 이번에는 [슬라이드 2]에서 '원호 도형'을 클릭하고 '삼각형 도형'과 똑같은 방법으로 [슬라이드 1]에 붙여넣기 한 후 그림과 같이 배치합니다.

❻ [슬라이드 2]에 있는 다른 색의 '원호 모양'의 도형도 복사(Ctrl+C)한 후 [슬라이드 1]에 붙여넣기(Ctrl+V) 합니다. 같은 방법으로 나머지 '원호 모양'의 도형도 그림과 같이 배치합니다.

**7** 키보드의 Shift를 누르면서 모든 '원호 모양'을 순서대로 클릭한 후 [도형 서식] 탭의 [도형 채우기]-[테마색]-[황금색, 강조 4, 50% 더 어둡게]를 클릭합니다.

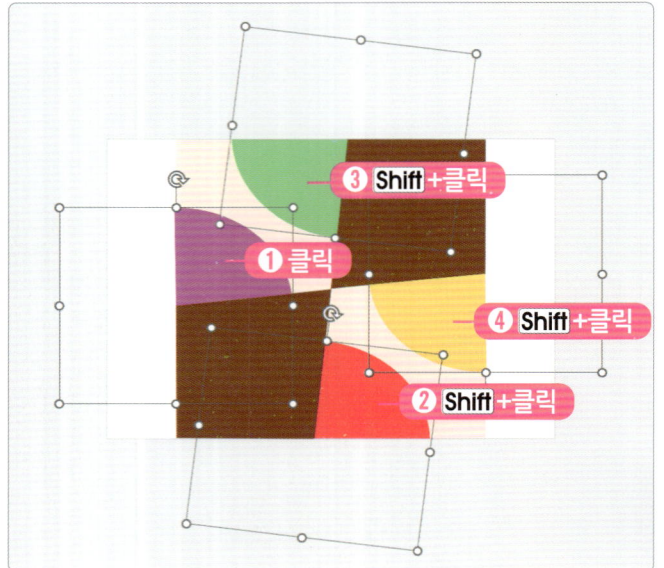 

**8** 짠~ 강아지 색종이의 배경이 완성되었어요.

**강아지 눈을 만들어 보아요.**

① 강아지 눈을 만들기 위해 [삽입] 탭에서 [도형]-[타원(○)]을 클릭한 후 드래그하여 도형을 삽입한 다음 [도형 채우기]-[흰색, 배경1]을 클릭합니다.

※ 드래그할 때 Shift 를 누르면 가로/세로 비율이 똑같은 '정 원'으로 그릴 수 있습니다.

② 검은색 눈동자를 만들기 위해 [삽입] 탭-[도형]-[타원(○)]을 클릭한 후 드래그하여 도형을 삽입하고 [도형 채우기]-[검정, 텍스트 1]을 클릭합니다.

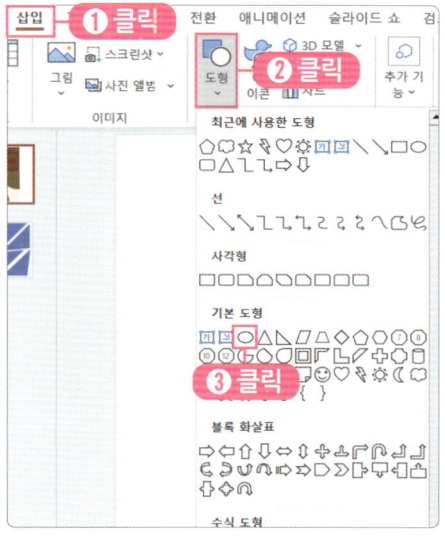  

Chapter 20 멍멍! 강아지 종이접기 색종이를 만들어 보아요 • **127**

❸ '눈' 모양의 흰색 타원과 검정색 타원을 모두 선택한 후 Ctrl + G 를 눌러 하나의 그룹으로 묶습니다.

 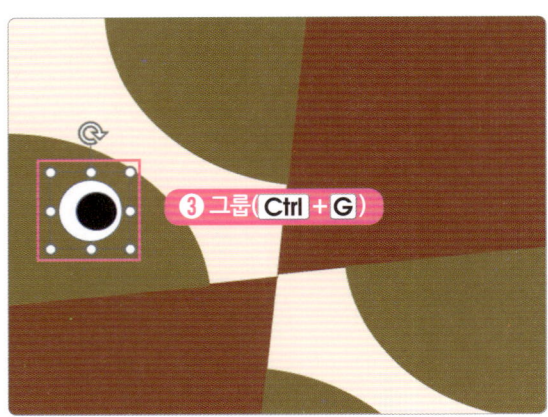

❹ 완성된 '눈'을 Ctrl 을 누른 상태에서 드래그하여 복사한 후 회전 및 이동하여 그림과 같이 배치합니다.
※ 회전 핸들을 이용하면 눈동자의 위치를 바꿀 수 있어요.

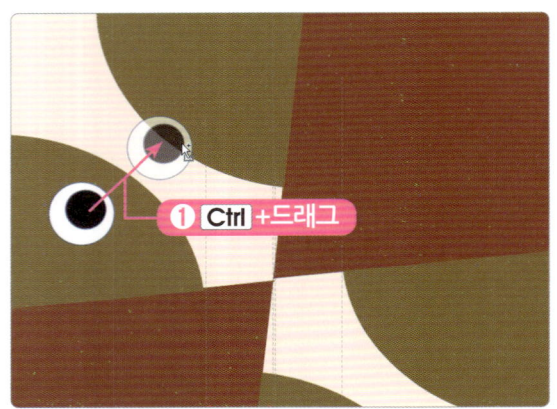 

❺ 짠~ 강아지 색종이 완성! 인쇄해서 강아지 종이접기를 해봅니다.
※ 코와 입은 색연필로 그려봅니다.

야옹~야옹~ 고양이 종이접기 색종이를 만들어 보아요.

📁 불러올 파일 : 고양이접기.pptx   📁 완성된 파일 : 고양이접기_완성.pptx

**미션 01** [Chapter20]-[불러올 파일] 폴더에서 [고양이접기.pptx] 파일을 열어봅니다.

**미션 02** [슬라이드 2] 도형을 복사하여 [슬라이드 1]에 붙여넣기 합니다.

**미션 03** 고양이 종이접기 색종이를 인쇄하고 종이접기를 해봅니다.
※ 만들기 방법은 영상을 확인하세요!

고양이 종이접기 영상

Chapter 20 멍멍! 강아지 종이접기 색종이를 만들어 보아요 • **129**

CHAPTER
21
# 종이로 캐릭터 페이퍼 토이 만들기

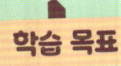
- 파워포인트 도형을 이용하여 페이퍼토이 전개도를 만들어봅니다.
- 전개도를 접어 페이퍼토이를 완성해봅니다.

■ 불러올 파일 : 토끼 페이퍼토이.pptx   ■ 완성된 파일 : 토끼 페이퍼토이_완성.pptx

**오늘 배울 내용은?**   파워포인트 도형으로 페이퍼토이 전개도를 만들어봅니다.

페이퍼토이 전개도

토끼 종이접기 영상

 # 페이퍼토이 전개도를 만들어보아요.

① 파워포인트를 실행한 후 [토끼 페이퍼토이.pptx] 파일을 열고 슬라이드의 구성을 확인해봅니다.

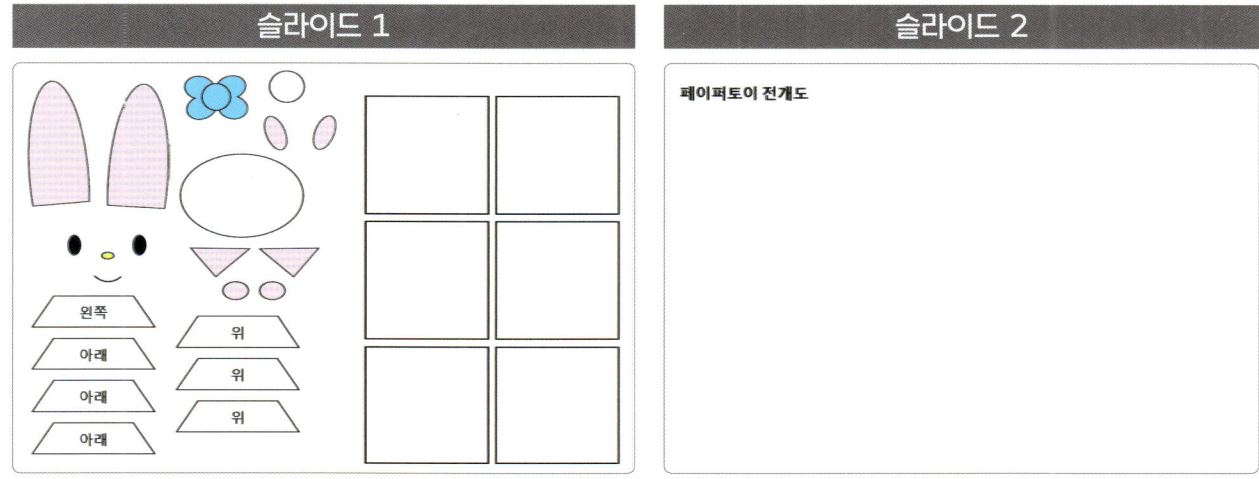

② [슬라이드 1]에서 '사각형' 도형 6개가 포함되도록 드래그하여 '사각형' 도형만 선택 후 **Ctrl**+**X**를 눌러 잘라내기 합니다. [슬라이드 2]로 이동한 후 **Ctrl**+**V**를 눌러 붙여넣기 합니다.

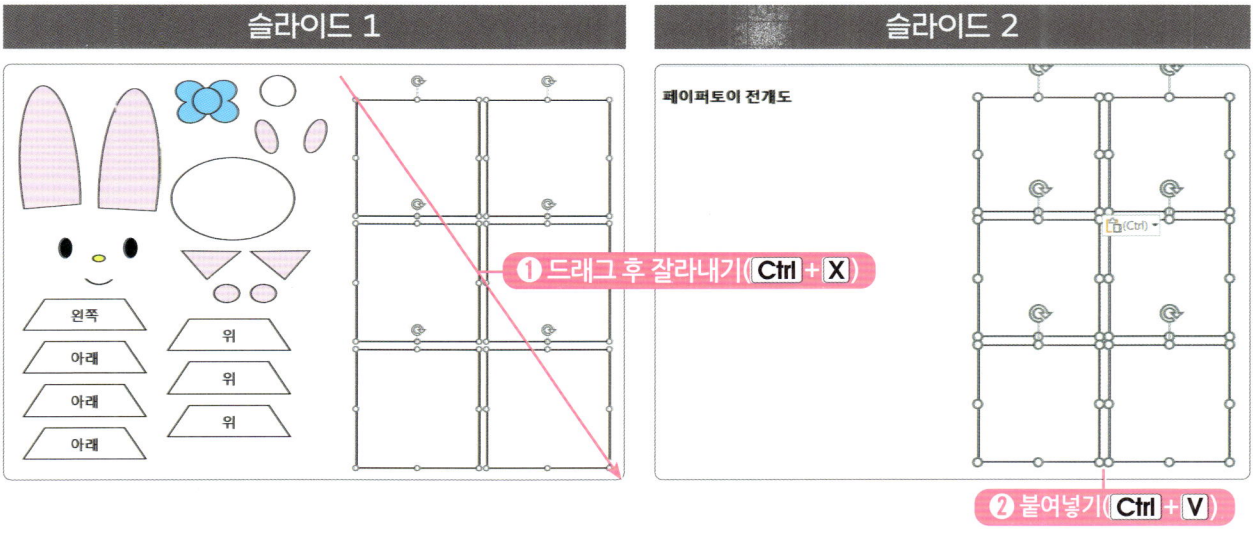

**Chapter 21** 종이로 캐릭터 페이퍼 토이 만들기 • **131**

❸ '사각형' 도형을 드래그하여 그림과 똑같이 전개도 모양으로 이동합니다.

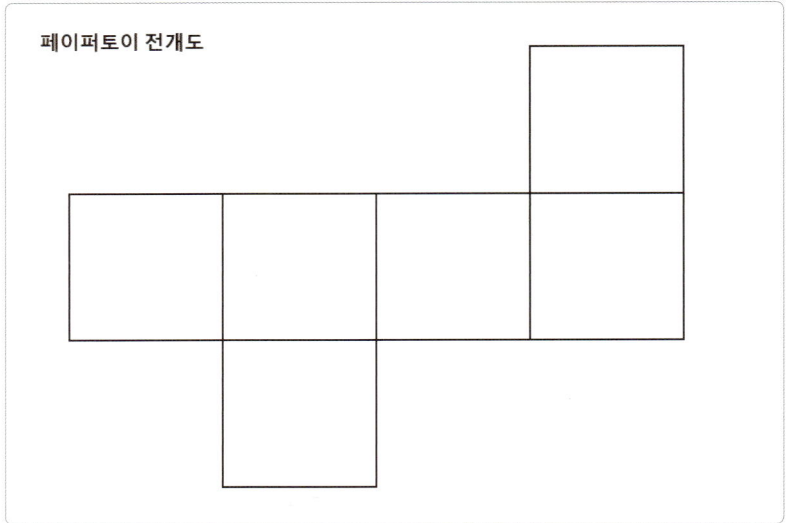

❹ [슬라이드 1]에서 '사다리꼴' 도형 7개가 포함되도록 드래그하여 '사다리꼴' 도형만 선택 후 Ctrl + X 를 눌러 잘라내기 합니다. [슬라이드 2]로 이동한 후 Ctrl + V 를 눌러 붙여넣기 합니다.

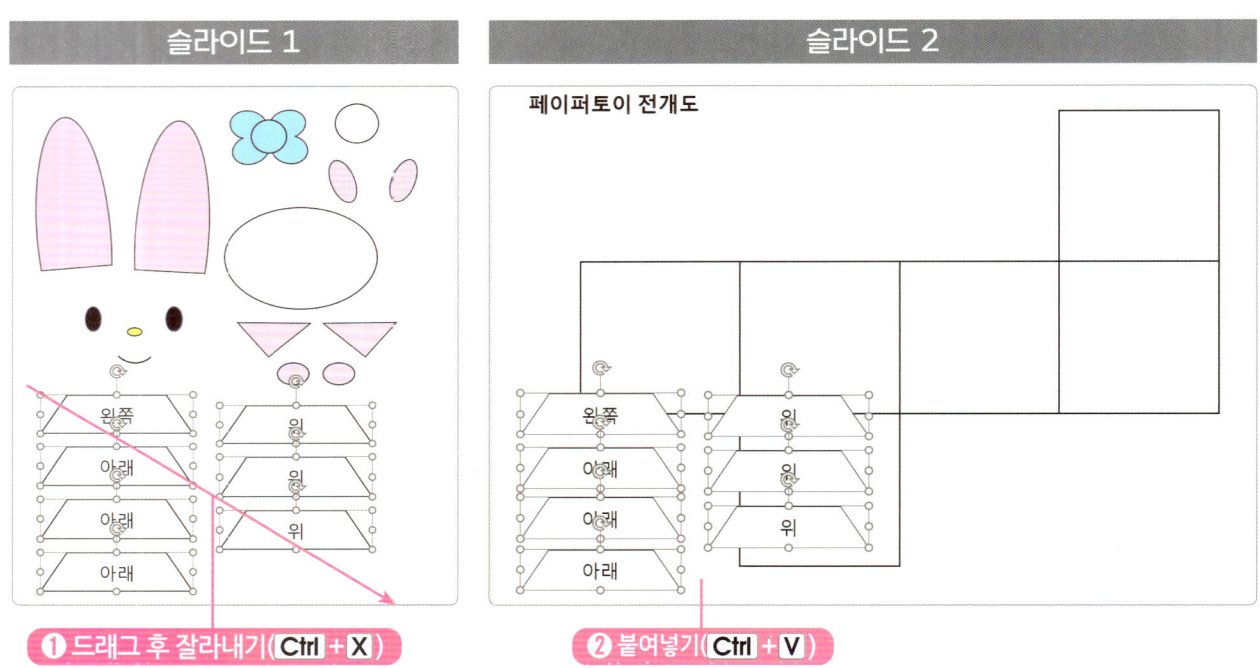

❺ '사다리꼴' 도형의 위치를 그림과 같이 옮겨봅니다. 회전이 필요한 도형은 '왼쪽으로 90도 회전'이나 '상하 대칭'을 한 후 옮겨줍니다.

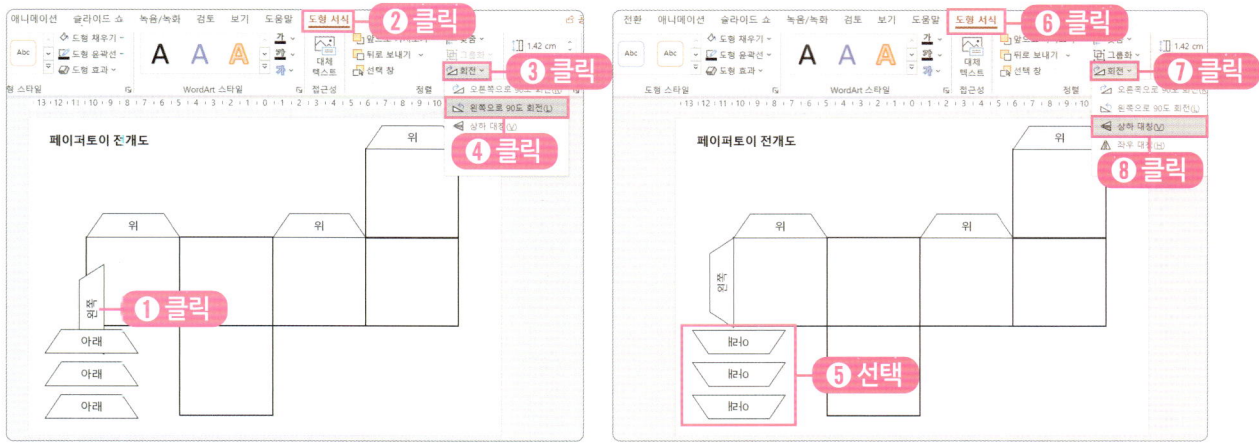

❻ 전개도 완성입니다! 이제 꾸미기를 해볼까요?

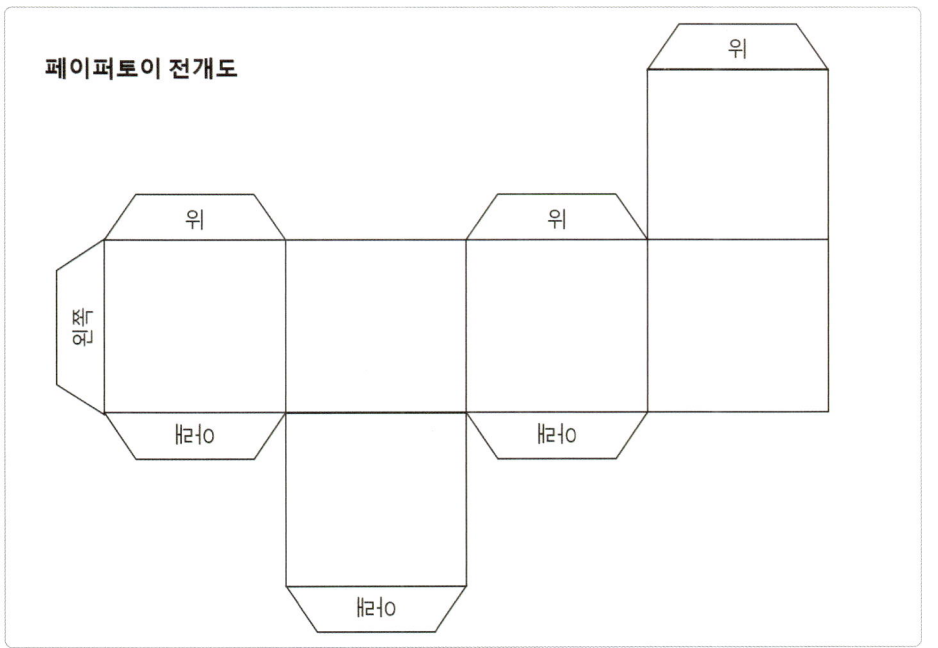

 **도형으로 토끼 캐릭터를 만들어 보아요.**

❶ [슬라이드 1]에서 '토끼 귀' 도형을 Ctrl+X를 눌러 잘라낸 후 [슬라이드 2]에 Ctrl+V 를 눌러서 붙여넣기합니다. 이어서 [도형 서식] 탭에서 [뒤로 보내기]-[맨 뒤로 보내기]를 클릭합니다.

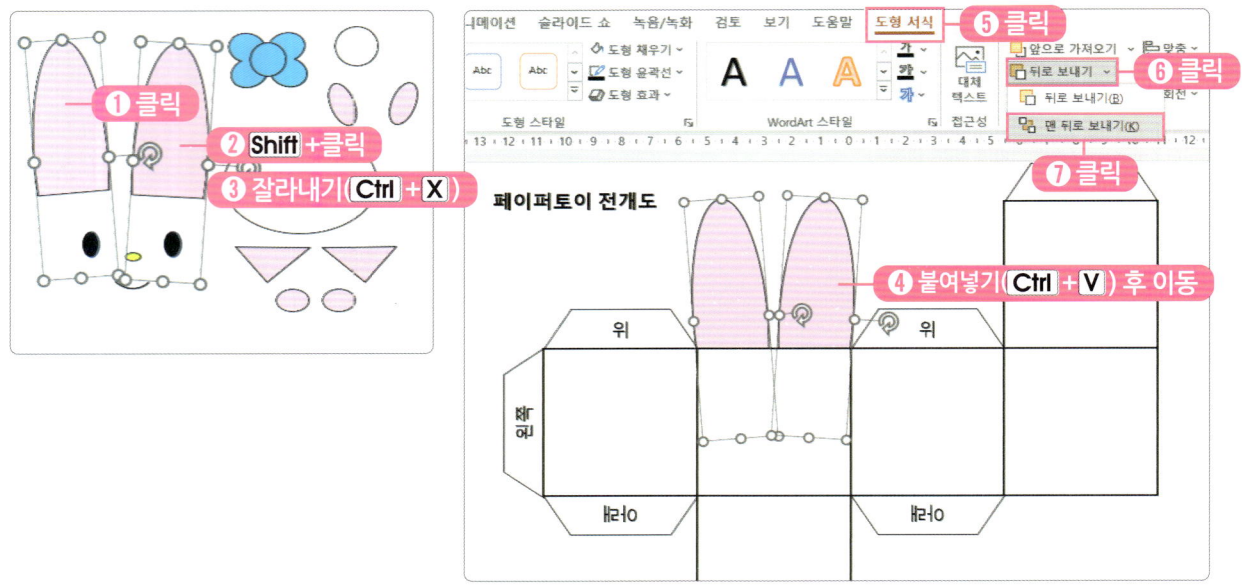

❷ [슬라이드 1]에 있는 나머지 도형도 [슬라이드 2]로 옮기고 그림과 같이 배치합니다.

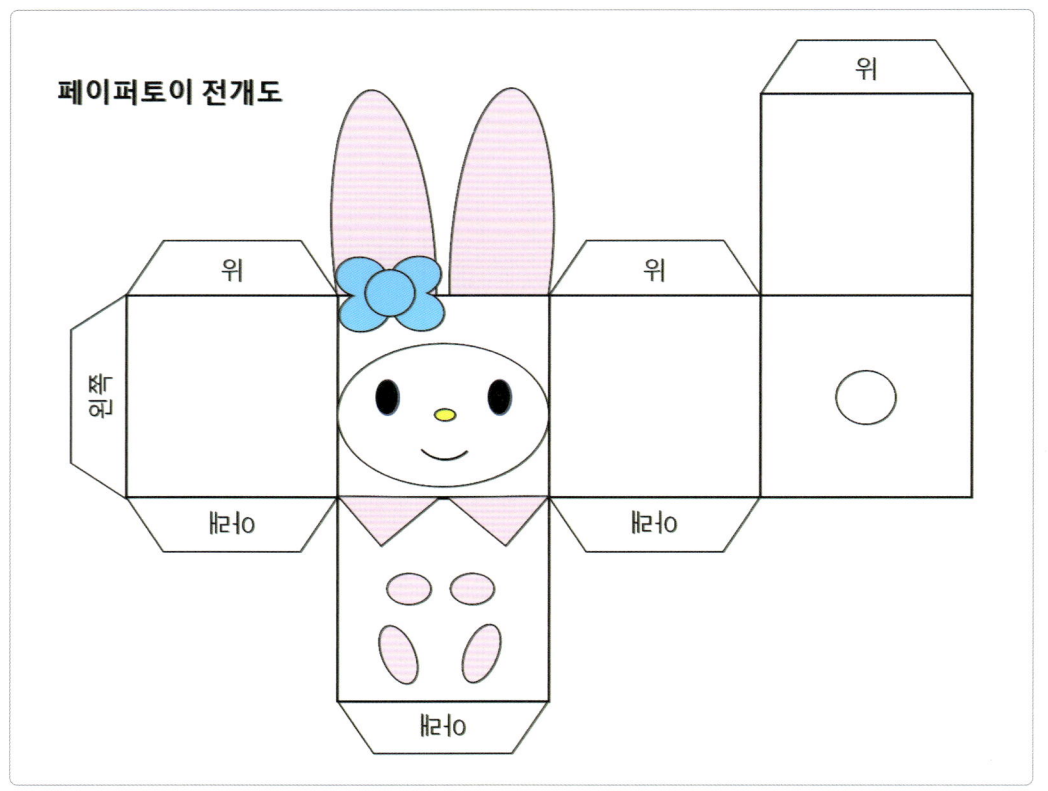

❸ 몸통이 도 는 5개의 '사각형' 도형을 Shift 를 누른 상태로 순서대로 클릭하여 선택 후 [도형 서식] 탭의 [도형 채우기]-[스포이트]를 클릭합니다.

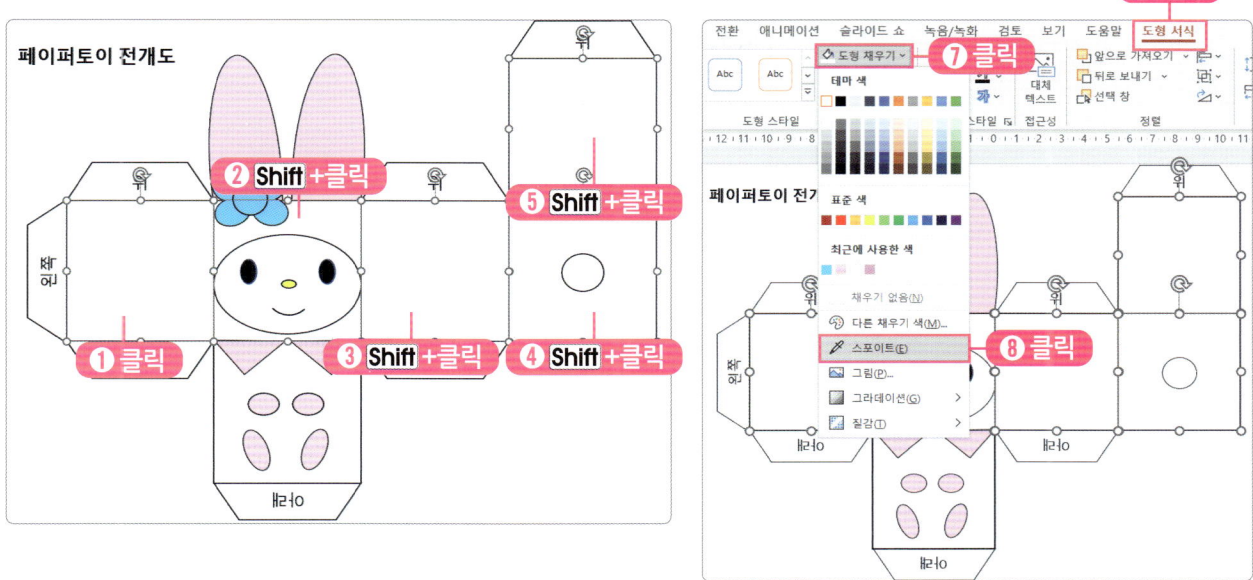

❹ 마우스 포인터 모양이 🖋 모양으로 바뀌면 분홍색 '귀' 부분을 클릭합니다.

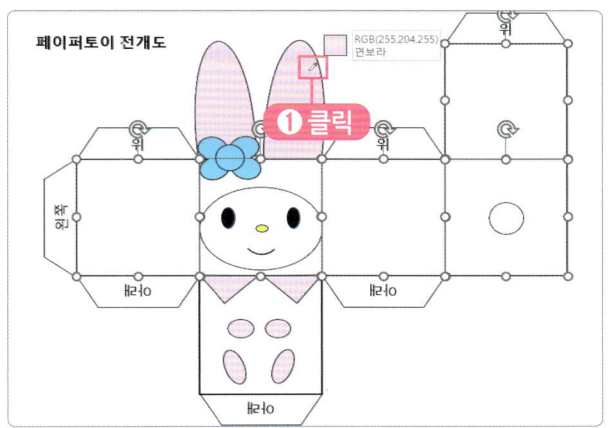

❺ 분홍색 토끼 페이퍼 토이 전개도가 완성되었어요~ 이제 전개도를 인쇄하여 페이퍼 토이를 만들어 볼까요?

※ 만들기 방법은 영상을 확인하세요!

CHAPTER 21

## 쿠로쿠로~ 검정고양이 페이퍼 토이 만들기

📁 불러올 파일 : 검정고양이 페이퍼토이.pptx  📁 완성된 파일 : 검정고양이 페이퍼토이_완성.pptx

**미션 01** [Chapter21]-[불러올 파일] 폴더에서 [검정고양이 페이퍼토이.pptx] 파일을 열어봅니다.

**미션 02** [슬라이드 1] 도형을 잘라내기하여 [슬라이드 2]에 붙여넣기 합니다.

**미션 03** 도형을 옮겨서 페이퍼 토이 전개도를 완성합니다.

**미션 04** 인쇄된 전개도로 페이퍼 토이를 만들어 봅니다. ※ 만들기 방법은 영상을 확인하세요!

| 슬라이드 1 | 슬라이드 2 |
|---|---|
|  | 페이퍼토이 전개도 |

완성

검정 고양이 종이접기 영상

Chapter 21 종이로 캐릭터 페이퍼 토이 만들기 • **137**

# CHAPTER 22 사계절 퀴즈 만들기

**학습 목표**
- 파워포인트 도형을 이용하여 사계절 퀴즈 접기 색종이를 만들어봅니다.
- 색종이를 접어 퀴즈 놀이를 해봅니다.

■ 불러올 파일 : 사계절.pptx   ■ 완성된 파일 : 사계절_완성.pptx

**오늘 배울 내용은?** 파워포인트 도형으로 사계절 퀴즈 접기를 완성해 봅니다.

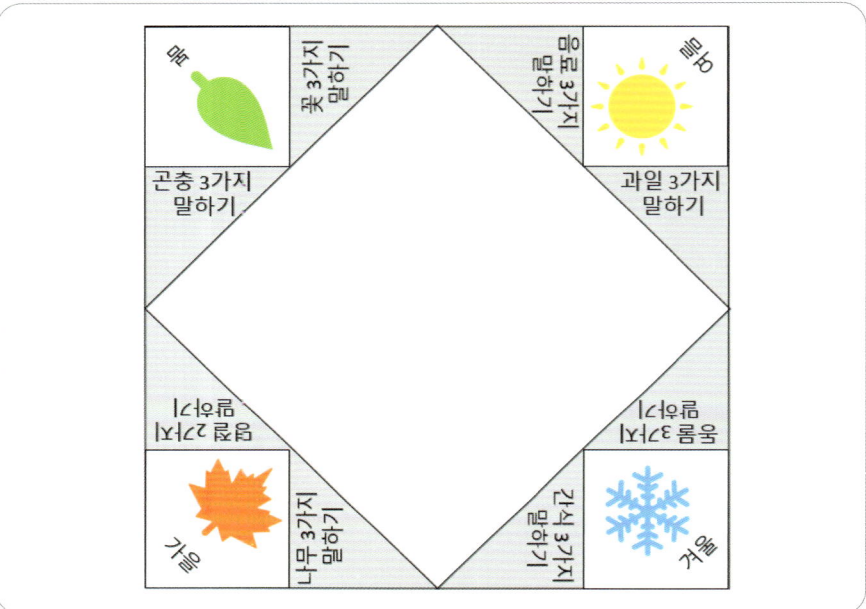

사계절 종이접기 영상

 **사계절 접기 색종이를 만들어보아요.**

① 파워포인트를 실행 후 [사계절.pptx] 파일을 열고 슬라이드의 구성을 확인해봅니다.

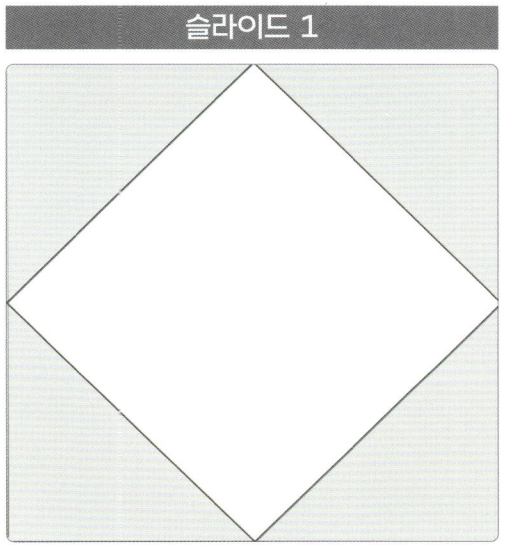

② [삽입] 탭에 있는 [도형]-[사각형]-[직사각형(□)]을 찾아 클릭하고 슬라이드 안에서 그림과 같이 마우스로 드래그하여 삽입합니다.

※ 드래그할 때 Shift 를 누르면 가로/세로 비율이 똑같은 '정사각형'으로 그릴 수 있습니다.

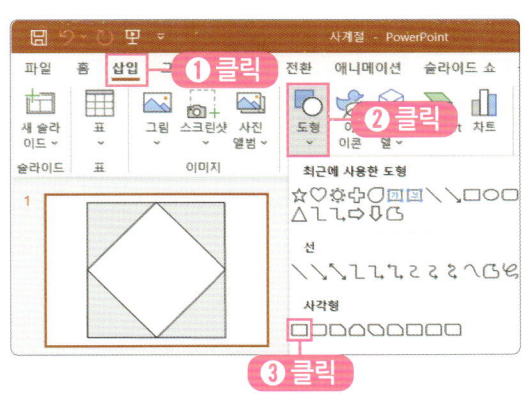
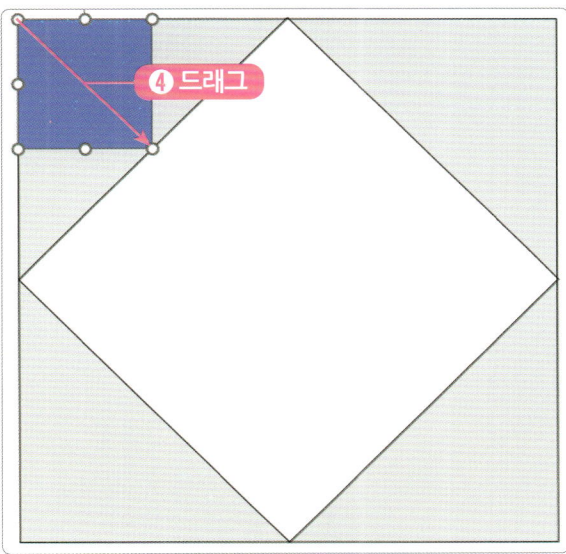

**Chapter 22** 사계절 퀴즈 만들기

❸ 삽입한 도형의 크기를 변경하기 위해 [도형 서식]-[크기] 그룹에서 높이(4.3 cm) 및 너비(4.3 cm)를 수정합니다. 크기가 수정되던 도형을 복사(Ctrl+C) 후 붙여넣기(Ctrl+V)하여 다음과 같이 4개의 사각형을 모서리 끝 부분에 배치합니다.

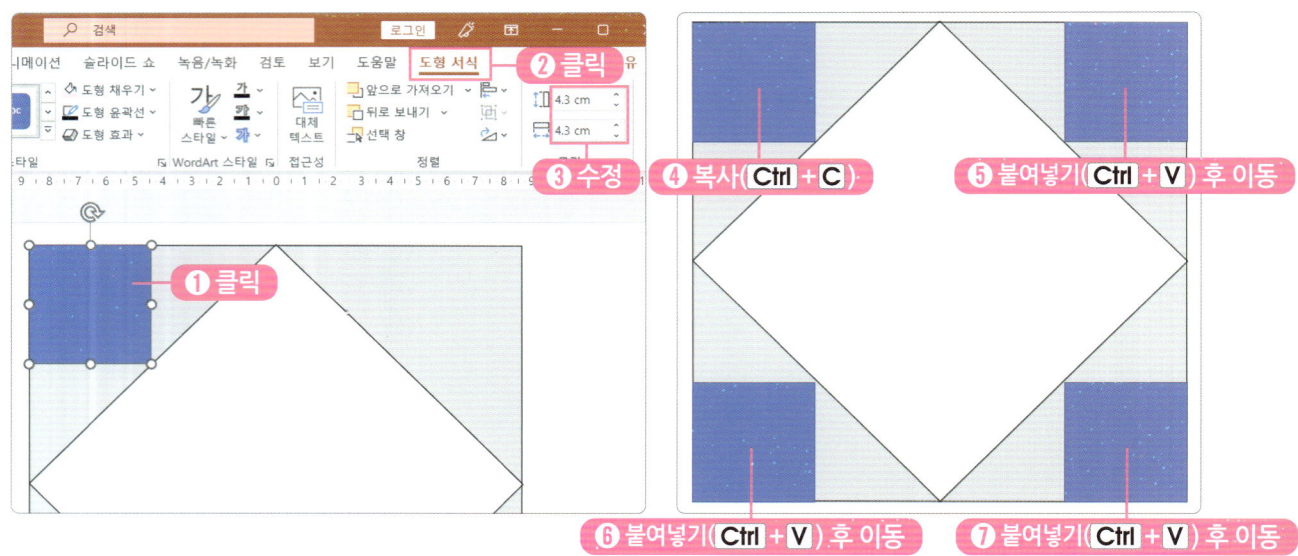

❹ '정사각형' 도형을 Shift 를 눌러서 모두 선택하고 [도형 서식] 탭에서 [도형 채우기]는 [흰색, 배경1]을 클릭한 후 [도형 윤곽선]은 [검정, 텍스트 1]을 클릭합니다.

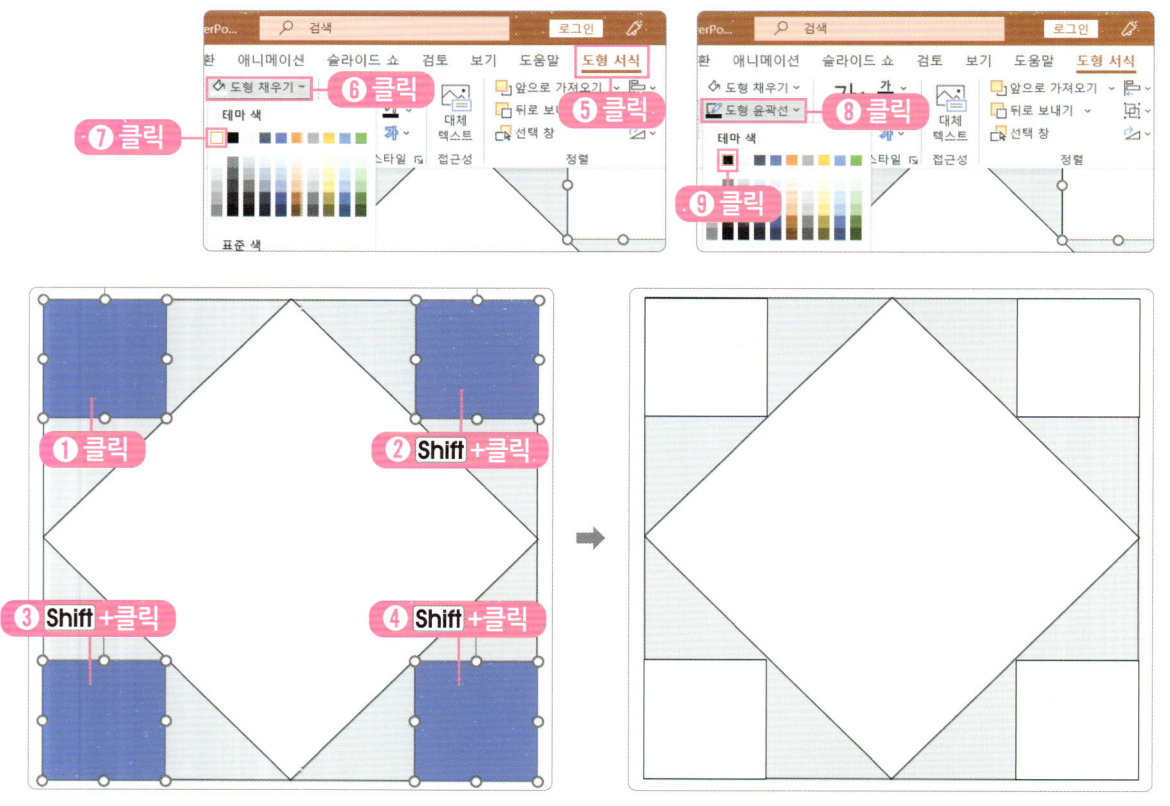

❺ [슬라이드 2]의 '사계절 아이콘'을 Shift 를 누른 상태에서 순서대로 클릭하여 모두 선택한 후 Ctrl + C 를 눌러 복사한 다음 [슬라이드 1]에서 Ctrl + V 를 눌러서 붙여넣기 합니다.

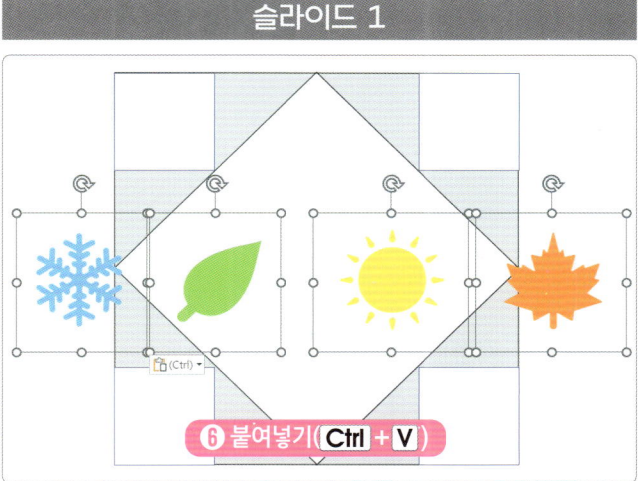

❻ '계절 아이콘'의 크기를 조절하고 그림처럼 '흰색 사각형' 영역 안에 들어갈 수 있도록 알맞게 회전하고 그림과 같이 위치를 이동하여 배치합니다.

❼ 텍스트를 삽입하기 위해 [삽입] 탭에서 [텍스트 상자]-[가로 텍스트 상자 그리기]를 클릭합니다.

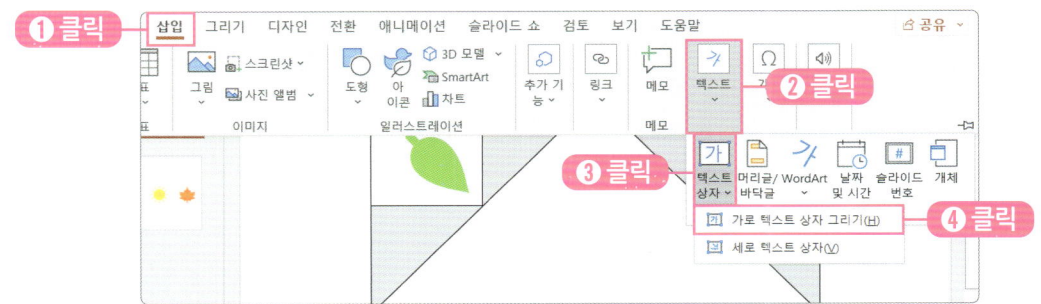

Chapter 22 사계절 퀴즈 만들기 **141**

❽ '텍스트 상자'에 '봄', '여름', '가을', '겨울'을 입력한 후 텍스트 상자만 선택한 다음 [홈] 탭에서 글꼴(맑은 고딕(본문)), 글꼴 크기(18), 정렬(가운데 맞춤(≡)) 등을 수정하고 회전 및 위치를 이동합니다.

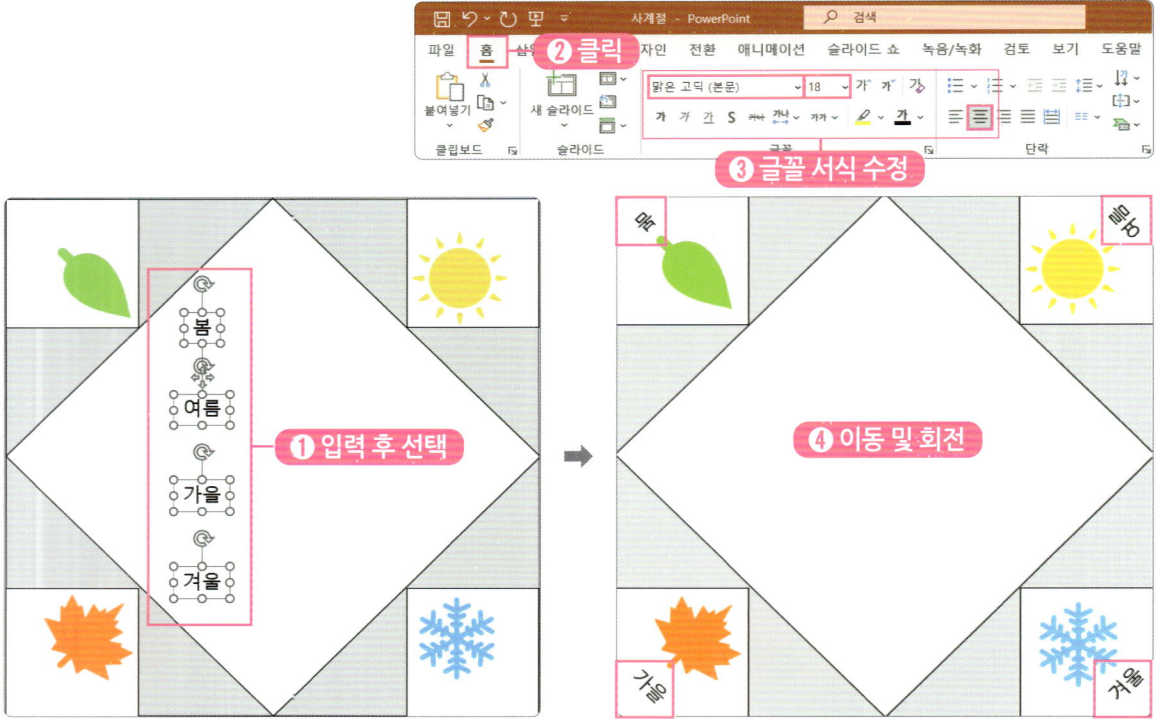

❾ 같은 방법으로 '텍스트 상자'를 사용하여 그림과 같이 다양한 퀴즈 내용을 입력하고 회전 및 위치를 옮겨봅니다. 도면이 완성되면 인쇄하여 접어봅니다.
  ※ 만들기 방법은 영상을 확인하세요!

<퀴즈 내용 예시>
- 곤충 3가지 말하기
- 꽃 3가지 말하기
- 음료 3가지 말하기
- 과일 3가지 말하기
- 명절 2가지 말하기
- 나무 3가지 말하기
- 간식 3가지 말하기
- 동물 2가지 말하기

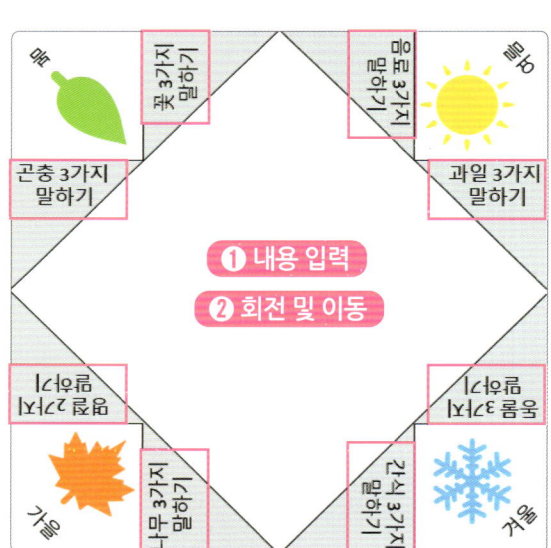

CHAPTER 22

아기 상어~ 뚜루루 ~♬ 귀여운 뚜루루 ~♪

📁 불러올 파일 : 아기상어.pptx   📁 완성된 파일 : 아기상어_완성.pptx

**미션 01**  [Chapter22]-[불러올 파일] 폴더에서 [아기상어.pptx] 파일을 열어봅니다.

**미션 02**  [슬라이드 1] 도형을 잘라내기하여 [슬라이드 2]에 붙여넣기 합니다.

**미션 03**  도형을 옮기고 채우기 색상을 변경하여 아기상어 색종이를 완성합니다.

**미션 04**  인쇄된 색종이로 아기상어 종이접기를 해봅니다. ※ 만들기 방법은 영상을 확인하세요!

**슬라이드 1**

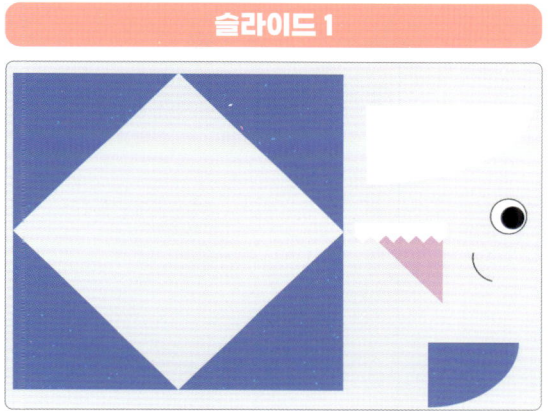

**슬라이드 2**

**완성**

아기 상어 종이접기 영상

Chapter 22 사계절 퀴즈 만들기  **143**

CHAPTER
# 23 나무로 집을 지어보자!

**학습 목표**
- 파워포인트 도형을 나무 집 모양의 색종이를 만들어봅니다.
- 색종이를 접어 나무 집을 완성합니다.

■ 불러올 파일 : 나무집.pptx    ■ 완성된 파일 : 나무집_완성.pptx

**오늘 배울 내용은?**  파워포인트 도형으로 나무 집을 완성해봅니다.

**나무집 종이접기 영상**

144 • 도형과 종이접기로 시작하는 **똑똑한 컴퓨터 놀이**

 **예쁜 집이 완성될 수 있도록 도형을 꾸며 보아요.**

① 파워포인트를 실행 후 [나무집.pptx] 파일을 열고 슬라이드의 구성을 확인해봅니다.

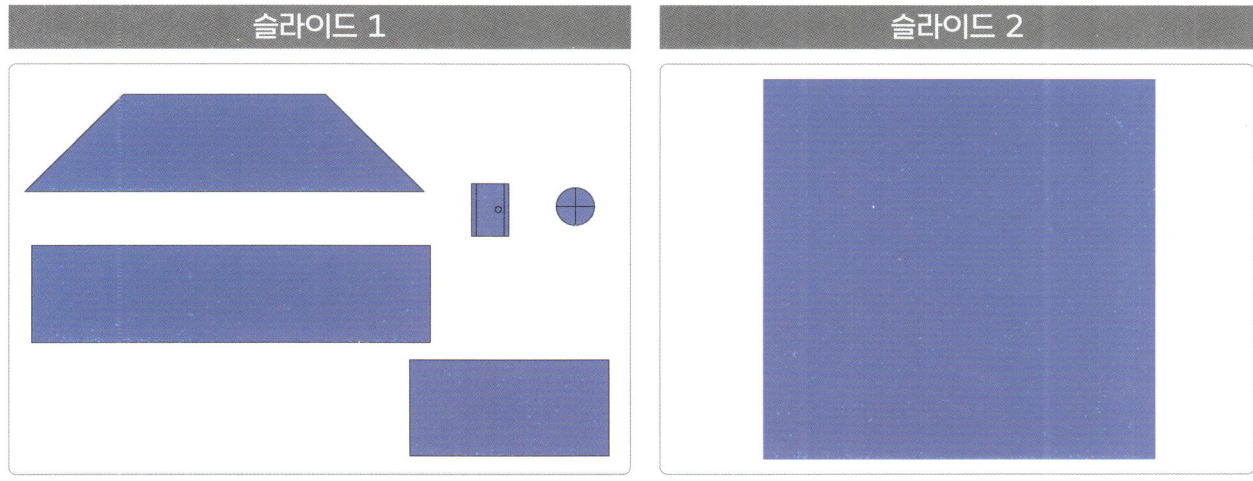

② 지붕이 될 도형을 클릭하고 [도형 서식] 탭에서 [도형 채우기]-[질감]을 클릭합니다. 질감 목록에서 [나무]를 찾아 클릭합니다.

③ '긴 직사각형' 도형은 [도형 채우기]-[표준색]에서 [연한 녹색]을 클릭하고 '짧은 직사각형' 도형은 [도형 채우기]-[테마 색]에서 [녹색, 강조 6, 60% 더 밝게]를 찾아 클릭합니다.

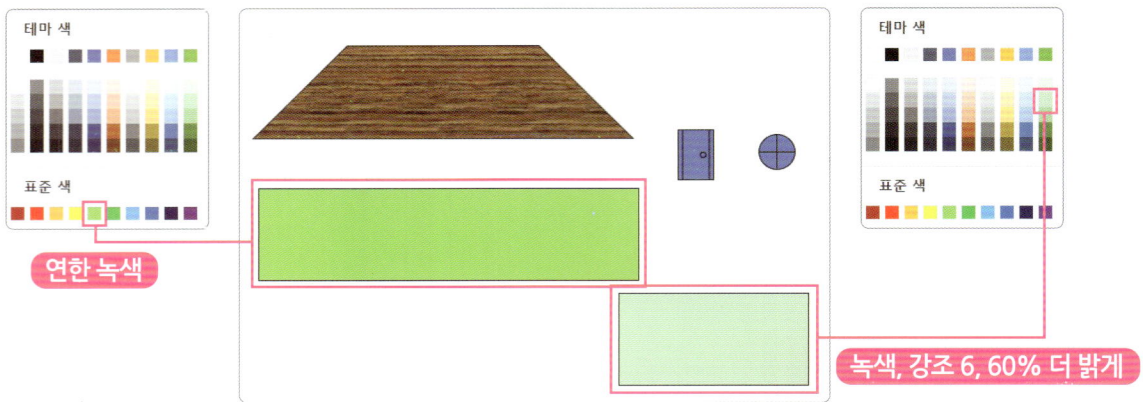

④ 같은 방법으로 '문' 도형을 클릭하고 [도형 채우기]-[테마 색]에서 [주황, 강조2, 50% 더 어둡게]를 찾아 클릭합니다.

⑤ '동그란 창문'은 [도형 채우기]-[표준색]에서 [연한 파랑]을 클릭해서 창문 색깔을 바꿔줍니다.

**나무 집 종이접기 색종이를 완성해 보아요.**

❶ [슬라이드 2]의 '사각형' 도형을 클릭하고 [도형 채우기]-[테마 색]에서 [밝은 회색, 배경 2]를 클릭합니다.

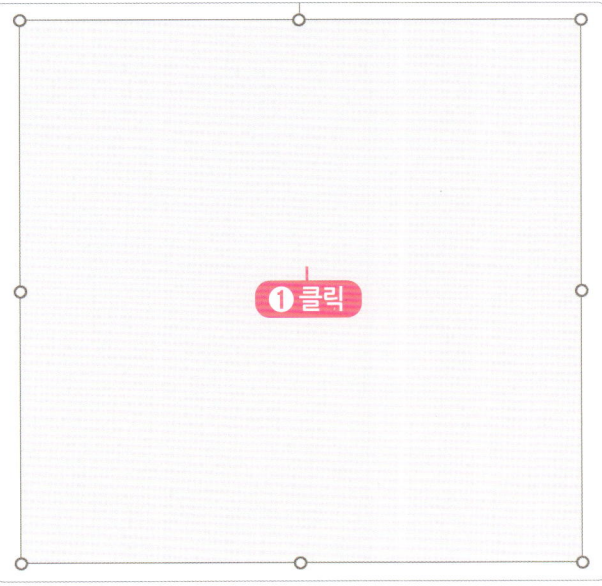

❷ [슬라이드 1]로 이동 후 Ctrl + A 를 눌러 모든 도형을 선택한 다음 Ctrl + C 를 눌러 복사합니다. [슬라이드 2]로 이동 후 Ctrl + V 를 눌러 붙여넣기 합니다.

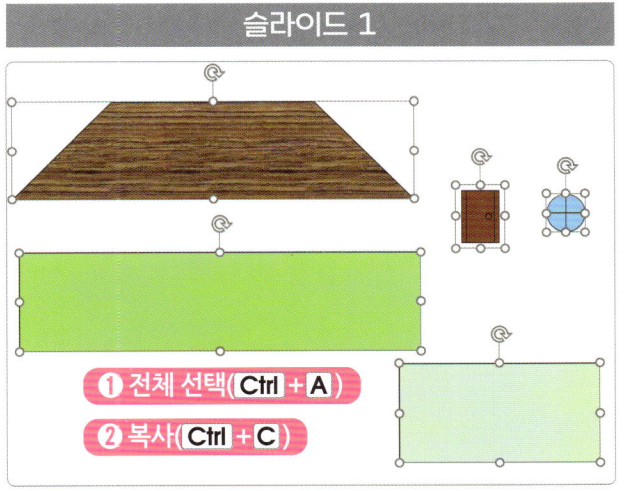
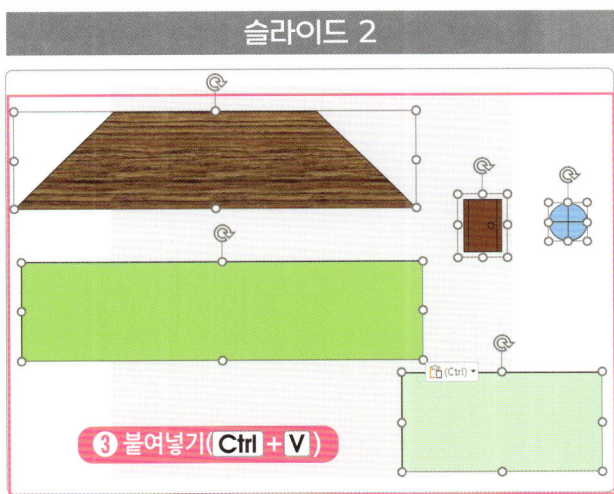

❸ '지붕 도형'을 클릭한 후 [도형 서식] 탭에서 [회전]-[상하 대칭]을 클릭한 다음 위치를 옮겨줍니다.

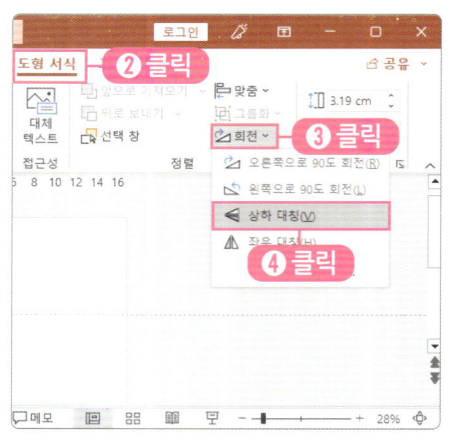
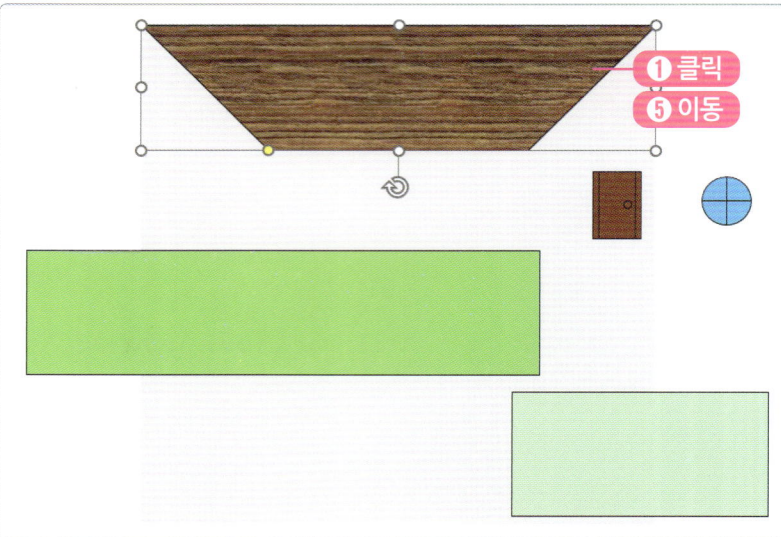

❹ '창문 도형'은 Ctrl 를 누른 상태에서 드래그하여 복사한 후 그림과 같이 배치합니다. 같은 방법으로 '초록색 사각형' 도형도 그림과 같이 배치합니다.
※ 만들기 방법은 영상을 확인하세요

CHAPTER 23

**귀여운 열대어를 만들어 보아요.**

📁 불러올 파일 : 열대어.pptx   📁 완성된 파일 : 열대어_완성.pptx

**미션 01** [Chapter23]-[불러올 파일] 폴더에서 [열대어.pptx] 파일을 열어봅니다.

**미션 02** 도형의 채우기 색깔을 변경하고 위치를 조절합니다.

**미션 03** '열대어 무늬' 도형을 복사하고 색깔을 예쁘게 바꿔봅니다.

**미션 04** 열대어 색종이를 완성하고 열대어를 접어봅니다. ※ 만들기 방법은 영상을 확인하세요!

| 슬라이드 1 | 슬라이드 2 |
|---|---|
|  |  |

완성

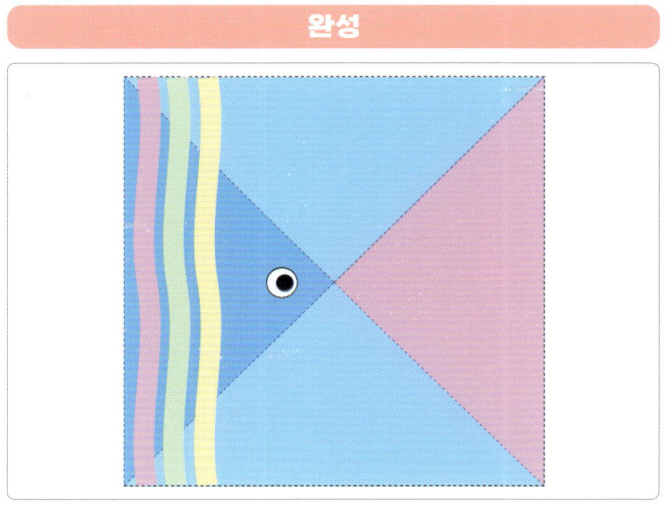

열대어 종이접기 영상

Chapter 23 나무로 집을 지어보자! • 149

# CHAPTER 24 종합 활동 문제

**01** 눈송이를 반을 접으면 어떤 모양이 될까요? 선을 연결해 보아요.

  •                                    •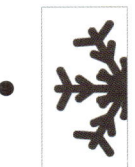

  •                                    •

  •                                    •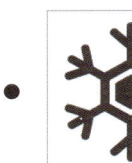

  •                                    •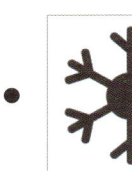

  •                                    •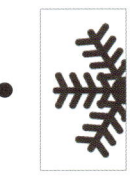

**02** 파워포인트 O, X 퀴즈를 풀어 보아요.

① 복사 단축키는 **Ctrl** + **O** 이다. ( O , X )

② 잘라내기 단축키는 **Ctrl** + **X** 이다. ( O , X )

③ 슬라이드 쇼 보기 단축키는 **F5** 이다. ( O , X )

④ 붙여넣기 단축키는 **Ctrl** + **C** 이다. ( O , X )

⑤ 맞춤 기능과 회전 기능을 이용하면 더 멋진 결과물을 만들 수 있다. ( O , X )

### 혼자서 만들어볼게요!

**03** [Chapter24]-[불러올 파일] 폴더에서 '손목시계.pptx' 파일을 열어 시계 색종이를 완성해봅니다.

① [슬라이드 1]에서 마음에 드는 '시계 줄'과 '시계'를 복사하여 [슬라이드 2]에 붙여넣기 합니다.

② [슬라이드 2]에 가이드 도형에 맞게 '시계 줄' 그림의 크기를 조절합니다.

③ '시계'는 가운데 네모 안에 맞게 크기를 조절합니다.

④ 마지막으로 가이드 도형을 삭제하여 시계 색종이 완성!

※ 시곗바늘과 시간은 색연필로 그려주세요.   ※ 만들기 방법은 영상을 확인하세요!

손목시계 종이접기 영상

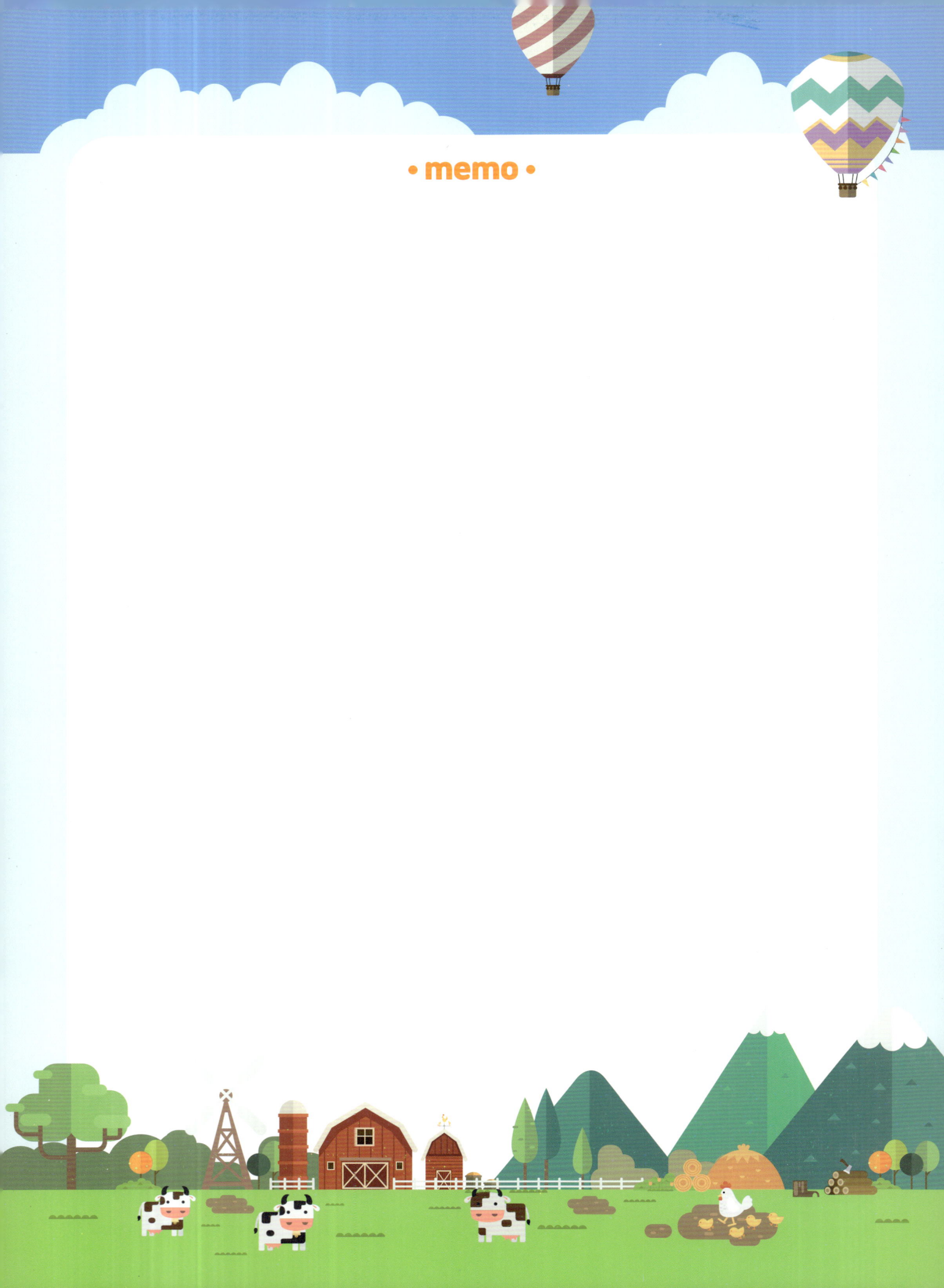